MAIN
KANSAS CITY KANSAS
PUBLIC LIBRARY
DATE:

D1294324

Decorar pasteles

Lindy Smith

Decorar pasteles

Guía creativa con más de 150 técnicas y 80 trabajos fascinantes

Editorial EJ Juventud

Los lectores podrán reproducir cualquiera de los modelos o diseños incluidos en este libro
para su uso personal y sin previa autorización del editor. No obstante, los diseños de este libro
están protegidos por derechos de autor y no podrán ser reproducidos para su venta.

La autora y el editor han procurado asegurar que todas las instrucciones en el libro sean precisas
e inofensivas; por lo tanto, no aceptan responsabilidad alguna por cualquier daño o pérdida resultante
a toda persona o entidad, cualquiera fuere su causa u origen.

Los nombres de los fabricantes y proveedores de productos se han incluido para información de los lectores,
sin intención alguna de violar derechos de autor o marcas registradas.

© Un libro de DAVID & CHARLES, F&W Media International, LTD 2011
David & Charles es un sello de F&W Media International, LTD
Brunel House, Forde Close, Newton Abbot, TQ12 4 PU, Reino Unido

© del texto, Lindy Smith 2011
© de las fotografías: F&W Media International, LTD 2011

Título original: THE CONTEMPORARY CAKE DECORATING BIBLE

© de la traducción española:
EDITORIAL JUVENTUD, S. A., 2012
Provença, 101 - 08029 Barcelona
info@editorialjuventud.es
www.editorialjuventud.es

Traducción de María José Ferrari y Mariela Wladimirsky
Revisión del texto: Amanda Laporte

Primera edición, 2012
DL B 11963-2012
ISBN 978-84-261-3926-9
Núm. de edición de E. J.: 12.499

Printed in China

Todos los derechos reservados

Índice

Introducción

Cuando mis editores me pidieron que escribiera este libro, no pude resistirme a la tentación. A pesar de los ajustados plazos de entrega para un libro tan grande como este, no pude declinar la oferta. Sabía que alguien escribiría este libro ¡y quería ser yo quien lo hiciera! Mi misión como pastelera siempre ha sido brindarle a la gente un poco de inspiración y aportar una mirada actual al diseño de piezas de azúcar.

Disfruté cada momento del proceso creativo de escribir este libro. Ha sido un maravilloso viaje de descubrimiento, una aventura que no quería que se terminara. He incluido muchas de las técnicas que utilizo a menudo en mis propios pasteles y galletas. No he podido incluir todas las técnicas realizables, pero estoy segura de que al consultar este libro podrás crear bellísimos pasteles con suma facilidad.

Los pasteles modernos con una buena decoración sorprenden a todos, ya sean delicados cupcakes, minipasteles, o creaciones de varios pisos. No hay motivos para pensar que la decoración de pasteles es difícil. Existen algunas técnicas rápidas y eficaces, como realizar un simple estampado o utilizar formas recortadas, moldes o plantillas, para lograr un pastel imponente. Te sugiero que comiences de a poco, con cupcakes y galletitas, que no te desalentarán como los pasteles grandes.

Desde que comencé a decorar pasteles, siempre me esforcé para que fueran modernos. A medida que fui creciendo, mi familia, especialmente mi abuela, me estimulaba para que le prestara atención a todo aquello que fuera actual… ¡que marcara tendencia! Hoy en día, la inspiración me llega de todo lo que me resulta atractivo en el mundo que me rodea. Luego trato de interpretar esas imágenes a mi modo y las transformo en diseños de pasteles. En esencia, soy una artista, y mi elemento es el azúcar.

La inspiración para los diseños de este libro proviene de distintas fuentes: decoración de interiores, vitrales, hierro forjado, exposiciones de arte, ropa de cama, telas, tapizados, diseños de joyas y arte floral. Admiro la obra de artistas como Wassily Kandinsky, arquitectos como Antoni Gaudí y diseñadores de moda como Valentino. El color es clave para lograr un look actual. Los colores de moda y sus combinaciones van y vienen. No obstante, el modo más simple de lograr que un pastel tenga un aspecto moderno es utilizar colores que aparezcan repetidamente en revistas, catálogos, telas, moda, escaparates, artículos de escritorio, tiendas de ropa de cama…

Como casi todas las formas de arte, cuando uno comienza a decorar pasteles lo hace copiando otras. Sin embargo, a medida que vayas ganando confianza, podrás diversificar tus ideas. Realmente espero que este libro te ayude a lograrlo. Hoy en día, hacer un pastel moderno es mucho más simple que antes porque hay disponibles muchísimos materiales fantásticos que te serán de ayuda. De ningún modo son fundamentales, pero sí son muy útiles para lograr resultados sorprendentes con mayor facilidad. Prueba, diviértete, dedícate a crear cosas maravillosas y únicas. Mira a tu alrededor para encontrar la inspiración que necesitas y sigue al detalle las técnicas de este libro para plasmar tus ideas en fabulosos pasteles y galletitas. Y cuéntame cómo te va a través de mi cuenta de Facebook Lindy's Cakes o a través de mi blog.

¡Disfruta y sé feliz creando pasteles!

www.lindyscakes.co.uk

★ Cómo usar este libro

Este libro contiene toda la información básica necesaria en el apartado de introducción, que incluye equipo, recetas de pasteles y de glaseado, cobertura de pasteles, bases y galletitas, construcción de pasteles de varios pisos y embalaje. La sección principal del libro se divide en capítulos de técnicas, cada uno centrado en un aspecto de la decoración de pasteles. Cada capítulo está repleto de ejemplos para que encuentres inspiración, además de un pastel principal donde utilizaremos una o varias técnicas de ese capítulo. Al final del libro encontrarás el capítulo sobre Trabajos, donde verás una lista con las herramientas, cortapastas y equipo que he utilizado para crear todos los pasteles y galletitas que aparecen en el libro, además de una breve descripción de las técnicas utilizadas.

Preparación y planificación

Si bien debes estar ansioso por comenzar a probar las técnicas de este libro, tómate un tiempo para leer esta sección a fin de familiarizarte con los aspectos esenciales de la decoración de pasteles. Así lograrás que el acabado de tus pasteles y galletitas sea más profesional, sin importar la técnica que apliques. Evita dejar todo para último momento y planifica con antelación el tiempo de decoración, de modo que puedas experimentar sin prisa.

Utensilios

Las siguientes listas de utensilios te serán de utilidad para cuando hornees y decores pasteles y galletitas. La primera lista contiene información general sobre horneado de pasteles y materiales de decoración; las listas subsiguientes contienen materiales necesarios para preparar cupcakes, minipasteles y galletitas. El equipo específico para aplicar una técnica en particular, como repujadores, plantillas, moldes, etc., lo encontrarás en los capítulos específicos a lo largo de todo el libro.

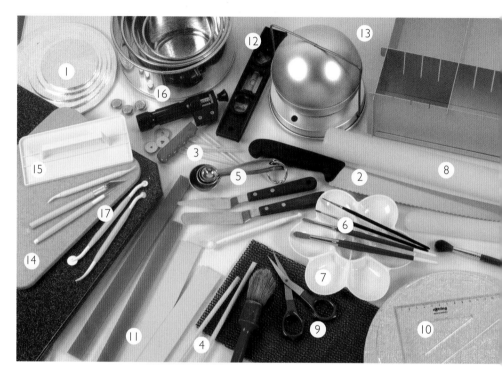

★ Lista general de pastelería y decoración de pasteles

1 Bases de pasteles:
   • Base de 12 mm: base gruesa para exhibir los pasteles.
   • Base dura: delgada y resistente, por lo general del mismo tamaño del pastel, que se coloca debajo de este como soporte y para darle estabilidad a los pasteles de varios pisos.
2 Cuchillo para pasteles: un cuchillo afilado y de hoja larga, para nivelar pasteles y hacer formas.
3 Palillos: para marcar y aplicar pequeñas cantidades de pasta comestible de color.
4 Varillas: se usan junto con las bases duras para sostener pasteles de varios pisos.
5 Cucharas para medir: se utilizan para medir los ingredientes con precisión.
6 Pinceles: hay de varios tamaños y serán de utilidad para puntear, pintar y espolvorear.
7 Paleta: para mezclar pasta comestible de color y polvos antes de pintar o espolvorear.
8 Rodillo: para estirar distintos tipos de pasta.
9 Tijeras: para cortar plantillas y recortar pasta para moldear.
10 Escuadra: para alinear con precisión.

11 Espaciadores de 1,5 mm y de 5 mm, para extender pasta.
12 Nivel de burbuja: para verificar que las varillas estén en posición vertical y que la parte superior de un pastel esté en posición horizontal.
13 Moldes: para hornear pasteles, esféricos, circulares, y de varios tamaños.
14 Tabla antiadherente: para estirar masas.
15 Pulidor: para darle un acabado suave y más liso al mazapán.
16 Pistola de repostería y discos: para crear piezas uniformes de pasta.
17 Herramientas para modelar:
   • Esteca de bola o bolillo: para marcar hendiduras uniformes en pasta y suavizar los bordes de los pétalos.
   • Cúter: para realizar cortes complejos.
   • Rueda de corte: se utiliza esta herramienta en vez de un cuchillo para no arrastrar pedazos de pasta.
   • Herramienta de Dresden: para hacer marcas en la pasta.
   • Espátula o cuchillo de pastel: para cortar pasta y esparcir glasa real.
   • Estecas: para agregar puntadas.
   • Punzón: para marcar plantillas, quitar el aire de la masa y retirar excedentes.

★ Para cupcakes

1 Moldes de papel rizado
2 Moldes de metal o silicona
3 Wrappers o papel grabado para envoltorios
4 Cajas para cupcakes
5 Boquillas grandes
6 Cortapastas redondos
7 Rejilla

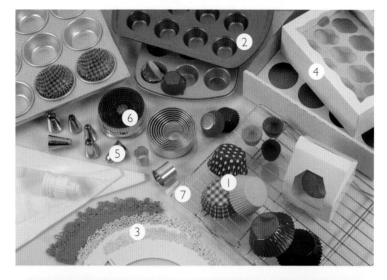

★ Para minipasteles

1 Moldecitos de varios tamaños
2 Bases duras pequeñas
3 Rejilla
4 Papel de horno

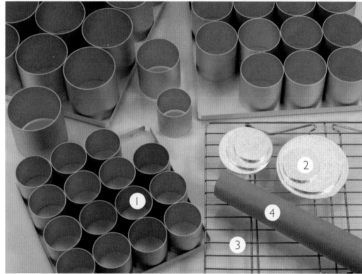

★ Para galletas

1 Cortapastas para galletas
2 Bandeja para horno
3 Rejilla
4 Pala grande
5 Bolsas transparentes para galletas

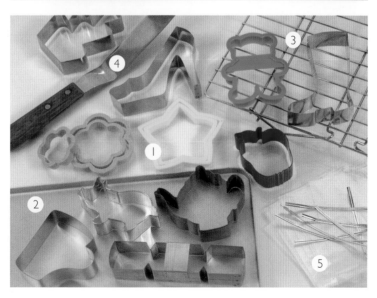

Medidas internacionales

Si prefieres utilizar taza, puedes hacer la siguiente conversión (1 cucharada = 15 ml)

★ **Mantequilla:**
225 g = 1 taza;
25 g = 2 cucharadas;
15 g = 1 cucharada

★ **Azúcar glas:**
200 g = 1 taza;
25 g = 2 cucharadas

★ **Coco deshidratado**
(sin azúcar y en hebras):
75 g = 1 taza;
4 cucharadas = 25 g

★ **Frutas secas:**
1 taza = 225 g de pasas de Corinto,
150 g de uvas pasas,
175 g de sultanas

★ **Harina:**
150 g = 1 taza

★ **Cerezas caramelizadas**
(o en almíbar):
225 g = 1 taza

★ **Azúcar glas:**
115 g = 1 taza

★ **Líquido:**
250 ml = 1 taza;
125 ml = ½ taza

★ **Nueces, picadas o molidas:**
115 g = 1 taza

★ **Azúcar moreno:**
115 g = 1 taza

Boquillas

En la producción de este libro fueron utilizadas las siguientes boquillas. Como el número varía según el proveedor, te aconsejo que verifiques el diámetro de la boquilla.

N° de boquilla (PME)	Diámetro
0	0,5 mm
1	1 mm
1.5	1,2 mm
2	1,5 mm
3	2 mm
4	3 mm
16	5 mm
17	6 mm
18	7 mm

Cómo revestir moldes de pasteles

En el mercado encontrarás aerosoles antiadherentes para pasteles, pero yo prefiero el método tradicional de revestir los moldes. Si lo haces con cuidado, evitarás que el pastel se pegue y lograrás una buena forma. Para tal fin, utiliza papel de horno de buena calidad. Debe quedar erguido contra los laterales del molde y sin burbujas de aire. Sujeta el borde superior del papel con materia grasa o haz un pequeño dobladillo para evitar que caiga sobre el pastel.

Moldes de laterales rectos

★ **Cuadrados, rectangulares y hexagonales** Mide la circunferencia del molde y corta una tira de papel de horno apenas un poco más larga que la circunferencia para que sobre papel para doblar los laterales. La tira deberá ser de 5 cm más ancha que la altura del molde. Haz un pliegue de 2,5 cm a lo largo del fondo. Dobla la tira en intervalos del largo de cada borde interno, luego corta el pedazo sobrante. Pinta el molde con materia grasa y coloca la tira alrededor de los laterales con los bordes recortados sobre la base (**A**). Corta un pedazo de papel manteca para colocar en la base.

★ **Redondos y curvos** Cubre los moldes como lo expliqué anteriormente, pero haz cortes diagonales en los lados plegados del papel para que encaje cómodamente alrededor del interior del molde (**B**).

Moldes pequeños

Recubre la base del molde con un pedazo cuadrado de papel, luego corta tiras apenas un poco más largas y altas que la circunferencia de cada moldecito. Coloca una tira de papel dentro de cada molde, de modo que los lados de la tira sobresalgan un poco (**C**).

Moldes de media pelota

Recorta dos círculos de papel de horno: de 15 cm para un molde de 10 cm; de 20 cm para un molde de 13 cm; de 25,5 cm para un molde de 15 cm. Debes plegar los círculos en cuartos para marcar los centros. Luego abre el papel y haz cortes radiales dentro del círculo. Pinta la asadera y uno de los lados del papel con materia grasa y colócalo en una de las mitades del molde; los lados pintados deben quedar juntos. Haz que los lados coincidan exactamente (**D**).

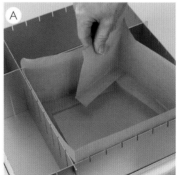

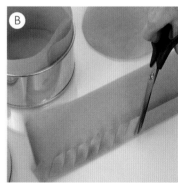

Horneado de pasteles

A continuación verás mis fantásticas recetas para hacer pastel de chocolate, plum cake y bizcocho. Puedes hacer un pastel de varios pisos de un solo tipo, o utilizar un bizcocho y plum cake en distintos pisos.

Pastel de chocolate

Este pastel de chocolate es sabroso, esponjoso pero firme, ideal para esculpir y cubrir con pasta de azúcar. El secreto de esta receta es usar chocolate de buena calidad con un alto contenido de cacao. No te dejes tentar por un chocolate bajo en cacao, ni por ningún cacao en polvo de los que venden en los supermercados, ¡porque no lograrás la intensidad de sabor que este pastel requiere! Tiene una duración de hasta dos semanas.

Medidas para el pastel de chocolate

Tamaños		Básico de chocolate (semidulce)	Mantequilla sin sal (dulce)	Azúcar granulado	Huevos (grandes)	Azúcar glas	Medida rasa	Tiempos de horneado a 180°
10 cm diámetro / pelota	7,5 cm cuadrado	75 g	50 g	40 g	2	15 g	40 g	30 - 45 min
13 cm diámetro	10 cm cuadrado	125 g	75 g	50 g	3	20 g	75 g	45 min -1 hora
15 cm diámetro	13 cm cuadrado/ pelota	175 g	115 g	75 g	4	25 g	115 g	45 min -1 hora
18 cm diámetro	15 cm cuadrado	225 g	175 g	115 g	6	40 g	175 g	1 h - 1¼ h
20 cm diámetro	18 cm cuadrado / 15 cm pelota	275 g	225 g	150 g	8	50 g	225 g	1 h - 1¼ h
23 cm diámetro	20 cm cuadrado	425 g	275 g	175 g	10	70 g	275 g	1¼ h - 1½ h
25,5 cm diámetro	23 cm cuadrado	500 g	350 g	225 g	12	75 g	350 g	1½ h - 1¾ h
28 cm diámetro	25,5 cm cuadrado	550 g	450 g	275 g	16	115 g	450 g	1¾ h - 2 h
30 cm diámetro	28 cm cuadrado	675 g	550 g	375 g	20	125 g	550 g	2 h - 2¼ h
33 cm diámetro	30 cm cuadrado	850 g	675 g	450 g	24	150 g	675 g	2¼ h - 2¾ h
35,5 cm diámetro	33 cm cuadrado	1 kg	800 g	500 g	28	200 g	800 g	2½ h - 2¾ h

1 Precalentar el horno a 180 °C. Cubrir el molde con materia grasa y revestirlo con papel de horno.

2 Derretir el chocolate a baño maría o en el microondas. Batir el azúcar con la mantequilla en un recipiente grande hasta lograr una consistencia liviana, suave y clara.

3 Separar los huevos. Agregar las yemas de una en una y luego el chocolate derretido. En un recipiente aparte, batir las claras hasta lograr punto de nieve. Agregar lentamente el azúcar glas a las claras.

4 Tamizar la harina en otro recipiente y, con la ayuda de una cuchara grande de metal, incorporar la harina y las claras de forma alternada a la mezcla de chocolate y yemas.

5 Pasar la mezcla al molde forrado e introducir en el horno. Los tiempos de cocción dependerán del horno que tengas, del molde y de la profundidad del pastel. Por lo general, para los pasteles pequeños, verifico el punto de cocción a los treinta minutos; para los pasteles medianos, me fijo después de una hora y con los pasteles grandes, pasadas las dos horas de cocción. Cuando el pastel esté hecho, la masa se habrá elevado, tendrá una consistencia firme y al pasar un palillo por el centro, este saldrá limpio.

6 Dejar enfriar el pastel. Luego, sin retirar el papel de horno, envolverlo en film o colocarlo en un recipiente hermético. Dejar que pasen por lo menos unas 12 horas antes de cortar el pastel para que este se asiente.

Plum cake (fruitcake)

El plum cake es un pastel tradicional maravilloso, repleto de frutas secas y abrillantadas, por lo general humedecido con alguna bebida alcohólica y también lleva nueces y especias. La calidad de la fruta que utilices marcará la diferencia en el sabor del pastel, por lo que aconsejo buscar bien en las tiendas para encontrar las de mejor calidad. ¡Las cáscaras de frutas caramelizadas que piques tú mismo siempre tendrán mejor sabor!

El plum cake debe ser guardado por lo menos un mes, para que el sabor madure. Los plum cakes para bodas se guardan unos tres meses para que tengan un exquisito sabor maduro y para que el pastel se pueda cortar limpiamente en pequeñas porciones. El pastel galés recién hecho tendrá un sabor delicioso, pero no será fácil cortarlo limpiamente, por lo que estaría bien para una fiesta de cumpleaños familiar, pero no para una boda.

Si no quieres usar ninguna bebida alcohólica en tu pastel, prueba con zumo de manzana o naranja, o de uva o granada. Sin alcohol como conservante, el pastel no tendrá una larga duración pero se mantendrá por cierto tiempo.

Medidas para el plum cake

Tamaños	10 cm diámetro/ pelota	13 cm diámetro	15 cm diámetro	18 cm diámetro	20 cm diámetro	23 cm diámetro
	7,5 cm cuadrado	10 cm cuadrado	13 cm cuadrado / pelota	15 cm cuadrado	18 cm cuadrado / 15 cm pelota	20 cm cuadrado
Pasas sultanas	50 g	75 g	115 g	175 g	225 g	275 g
Pasas de Corinto	50 g	75 g	115 g	175 g	225 g	275 g
Uvas pasas	50 g	75 g	115 g	175 g	225 g	275 g
Frutas escarchadas picadas	25 g	40 g	50 g	75 g	115 g	150 g
Coñac	7,5 ml (1 ½ cucharadita)	11,5 ml (2 ¼ cucharadita)	15 ml (1 cucharadita)	25 ml (1 ½ cucharadita)	30 ml (2 cucharaditas)	37,5 ml (2 ½ cucharaditas)
Harina común	50 g	75 g	115 g	175 g	225 g	275 g
Almendras molidas	15 g	20 g	25 g	40 g	50 g	70 g
Mezcla de especias (canela, clavo, jengibre y nuez moscada)	1,5 ml (¼ cucharadita)	2,5 ml (½ cucharadita)	2,5 ml (½ cucharadita)	3,5 ml (¾ cucharadita)	5 ml (1 cucharadita)	6,5 ml (1 ¼ cucharadita)
Mantequilla	50 g	75 g	115 g	175 g	225 g	275 g
Azúcar moreno	50 g	75 g	115 g	175 g	225 g	275 g
Huevos	1	1 ½	2	3	4	5
Melaza	2,5 ml (½ cucharadita)	5 ml (1 cucharadita)	7,5 ml (1 ½ cucharadita)	15 ml (1 cucharadita)	15 ml (1 cucharadita)	20 ml (4 cucharaditas)
Esencia de vainilla	unas gotitas	1,5 ml (¼ cucharadita)	1,5 ml (¼ cucharadita)	2,5 ml (½ cucharadita)	2,5 ml (½ cucharadita)	3,5 ml (¾ cucharadita)
Cerezas glaseadas	25 g	40 g	50 g	75 g	115 g	150 g
Almendras picadas	15 g	20 g	25 g	40 g	50 g	70 g
Jugo y ralladura de limón	¼	⅓	½	¾	1	1 ¼
Tiempos de cocción aprox. — 150 °C	30 min	30 min	50 min	1 hora	1 ½ hora	1 ¾ hora
Tiempos de cocción aprox. — 120 °C	30 min	1 hora	1 hora 40 min	2 ¼ horas	2 ½ horas	3 ¼ horas
Total	1 hora	1 ½ hora	2 ½ horas	3 ¼ hora	4 horas	5 horas

1 Dejar las pasas de Corinto, las sultanas y las uvas pasas en remojo en coñac (o zumo de frutas) durante la noche.

2 Precalentar el horno a 150 °C. Tamizar la harina, las especias y las almendras y colocar todo en un recipiente. En otro, batir la mantequilla y el azúcar hasta lograr una consistencia liviana, clarita y esponjosa (punto pomada). No batir de más.

3 Mezclar los huevos, la melaza y la vainilla. Agregar la harina de a cucharadas y batir un poquito cada vez.

4 Escurrir las cerezas y picarlas. Agregar la ralladura y el jugo de limón, las almendras picadas y una pequeña cantidad de harina. Incorporar el resto de la harina a la mezcla cremosa, seguida de la fruta seca. Añadir un poco más de coñac o leche, si es necesario.

5 Con la ayuda de una cuchara, colocar la mezcla en un molde ya forrado en papel de horno, emparejar la superficie y luego hacer un pequeño hoyo en el centro. Envolver la parte de afuera del molde con una doble capa de papel de estraza o de periódico para proteger el pastel durante su cocción. Coloca un recipiente con agua en el horno, esto ayudará a que el pastel quede húmedo.

6 Hornear durante el tiempo indicado y luego bajar la temperatura a 120 °C y cocinar un rato más que el tiempo sugerido. Cuando el pastel está listo, se sentirá firme al tacto y, al introducir un palillo en el centro, este saldrá limpio. Dejar enfriar en el molde.

7 Sin retirar el papel de horno, envolver el pastel con más papel y luego con papel de aluminio. Nunca envuelvas el pastel solo con aluminio, ya que el ácido de las frutas ataca el papel de aluminio. Guardar en un lugar fresco y seco.

25,5 cm diámetro	28 cm diámetro	30 cm diámetro	33 cm diámetro	35,5 cm diámetro
23 cm cuadrado	25,5 cm cuadrado	28 cm cuadrado	30 cm cuadrado	33 cm cuadrado
350 g	450 g	550 g	675 g	800 g
350 g	450 g	550 g	675 g	800 g
350 g	450 g	550 g	675 g	800 g
175 g	225 g	275 g	350 g	400 g
45 ml (3 cucharaditas)	60 ml (4 cucharaditas)	75 ml (5 cucharaditas)	90 ml (6 cucharaditas)	105 ml (7 cucharaditas)
350 g	450 g	550 g	675 g	800 g
75 g	100 g	150 g	175 g	200 g
7,5 ml (1 ½ cucharadita)	10 ml (2 cucharaditas)	12,5 ml (2 ½ cucharaditas)	15 ml (1 cucharaditas)	17,5 ml (3 ½ cucharaditas)
350 g	450 g	550 g	675 g	800 g
350 g	450 g	550 g	675 g	800 g
6	8	10	12	14
25 ml (1 ½ cucharadita)	30 ml (2 cucharaditas)	37,5 ml (2 ½ cucharaditas)	45 ml (3 cucharaditas)	52,5 ml (3 ½ cucharaditas)
3,5 ml (¾ cucharadita)	5 ml (1 cucharadita)	6,5 ml (1 ¼ cucharadita)	7,5 ml (1 ½ cucharadita)	7,5 ml (1 ½ cucharadita)
175 g	225 g	275 g	350 g	400 g
75 g	100 g	150 g	175 g	200 g
1 ½	2	2 ½	3	3 ½
2 horas		2 ½ horas	2 ¾ horas	3 horas
4 horas		5 ½ horas	6 ¼ horas	7 horas
6 horas		8 horas	9 horas	10 horas

Consejo

Agrega un poco más de coñac mientras el pastel todavía se está enfriando. Pincha la superficie con un palillo y vierte el coñac con una cuchara.

Bizcocho

Este pastel es firme, húmedo y se puede realizar de varios sabores (ver al final de la página). Es ideal para hacer un pastel tallado y cubrir con pasta de azúcar. Dura unas dos semanas.

Consejo

Puedes encontrar consejos detallados y explicaciones para hacer un Bizcocho perfecto en el blog Lindy's Cakes.

Tamaños		Mantequilla (sin sal)	Azúcar glas	Harina para bizcochos	Harina común	Huevos	Tiempos de cocción a 160 °C
10 cm diámetro / pelota	7,5 cm cuadrado	75 g	75 g	75 g	40 g	1 ½	45 min - 1 hora
13 cm diámetro	10 cm cuadrado	115 g	115 g	115 g	50 g	2	45 min - 1 hora
15 cm diámetro	13 cm cuadrado / pelota	175 g	175 g	175 g	75 g	3	1 - 1 ¼ hora
18 cm diámetro	15 cm cuadrado	225 g	225 g	225 g	125 g	4	1 - 1 ¼ hora
20 cm diámetro	18 cm cuadrado / 15 cm pelota	350 g	350 g	350 g	175 g	6	1 ¼ - 1 ½ hora
23 cm diámetro	20 cm cuadrado	450 g	450 g	450 g	225 g	8	1 ½ - 1 ¾ hora
25,5 cm diámetro	23 cm cuadrado	500 g	500 g	500 g	250 g	9	1 ½ - 1 ¾ hora
28 cm diámetro	25,5 cm cuadrado	700 g	700 g	700 g	350 g	12	1 ¾ - 2 horas
30 cm diámetro	28 cm cuadrado	850 g	850 g	850 g	425 g	15	2 – 2 ¼ horas
33 cm diámetro	30 cm cuadrado	1 kg	1 kg	1 kg	500 g	18	2 ¼ - 2 ½ horas
35,5 cm diámetro	33 cm cuadrado	1,2 kg	1,2 kg	1,2 kg	600 g	21	2 ½ - 2 ¾ horas

1 Precalienta el horno a 160 °C. Pinta el molde con materia grasa y recúbrelo con papel de horno *(ver página 10)*. Para evitar que los laterales se quemen y el centro se infle demasiado, envuelve el molde con una doble capa de papel de estraza o periódico alrededor de la parte externa o utiliza algún producto que te sea de utilidad.

2 Mezcla la mantequilla con el azúcar hasta lograr una consistencia liviana, esponjosa y bien clarita. Con varillas eléctricas lo harás en unos cinco minutos. Tamiza juntos los dos tipos de harina en un recipiente aparte.

3 Agrega los huevos, a temperatura ambiente, en la mezcla cremosa de uno en uno, bate y añade una cucharada de harina después de cada huevo para evitar que la mezcla se cuaje. Tamiza y agrega el resto de la harina a la preparación, incorporándola con movimientos envolventes. Luego, si lo deseas, agrega el aroma para dar sabor al pastel.

4 Coloca la preparación en el molde preparado y hornea el tiempo indicado. Quizá debas proteger la parte superior del pastel mientras está en el horno para evitar que se endurezca; yo a veces coloco una placa para horno en el estante de arriba durante la cocción. El pastel estará listo cuando veas que ha subido bien, está firme al tacto y cuando, al insertar un palillo, este quede limpio al retirarlo.

5 Dejar enfriar en el molde. Luego, sin retirar el papel, envuélvelo en papel de aluminio o guárdalo en un recipiente hermético por lo menos unas 12 horas.

Sabores

Históricamente, el bizcocho tiene aroma de limón, pero también puede hacerse de otros sabores (los ingredientes son para un pastel de seis huevos; ajusta las medidas para otros tamaños):

★ **Limón:** ralladura finita de la piel de dos limones

★ **Vainilla:** 5 ml (1 cucharadita) de esencia de vainilla

★ **Cereza:** 350 g de cerezas en almíbar, cortadas en mitades

★ **Frutas:** 350 g de pasas de Corinto, uvas pasas o dátiles

★ **Coco:** 110 g de coco rallado seco, sin azúcar y en hebras

★ **Almendras:** 5 ml (1 cucharadita) de esencia de almendras y 45 ml (3 cucharadas) de almendras molidas.

Horneado de minipasteles

Hacer minipasteles es muy divertido y son ideales para regalar. Puedes cortar tus minipasteles en porciones individuales a partir de un pastel grande o usar una fuente para horno que tenga varios moldecitos para poder hornear varias a la vez.

Cómo usar fuentes y moldecitos de diseño

★ Elige una receta para tus minipasteles, todas las recetas de este libro funcionan muy bien. Cubre los moldes (ver instrucciones para revestir moldes de pasteles, página 10).

★ Rellena cada moldecito hasta la mitad con la preparación. La mejor forma de hacerlo es con la ayuda de una manga pastelera grande.

★ Hornea los pasteles. El tiempo de cocción dependerá en gran medida del tipo de pastel y del tamaño de los moldes, pero a modo guía hay que tener en cuenta que los bizcochitos de 5 cm de diámetro tienen un tiempo de cocción de unos 15 a 20 minutos y que los plum cakes de 5 cm de diámetro tardan una hora.

★ Deja enfriar los pasteles dentro de los moldecitos.

Consejo

Los minipasteles se resecan muy rápidamente; por ello, aconsejo cubrirlos para que duren más tiempo.

Molde de media pelota

El tiempo de cocción en un molde de media pelota dependerá del tipo de pastel que realices.

Plum cake

Coloca la mezcla en la mitad inferior del molde, creando de este modo una cúpula, cuya altura deberá quedar a 1-2 cm del borde superior. Este pequeño espacio permite que la mezcla se eleve y termine de llenar el molde durante la cocción.

Bizcochos

Hornea 2 moldes de media pelota con la preparación de un bizcocho. Deja enfriar las mitades en los moldes y luego emparéjalas con la ayuda del borde del molde. Une las dos partes pegándolas con crema de mantequilla o con ganache de chocolate para que la esfera quede perfecta.

Adaptación de tu receta favorita

Si tienes una receta favorita que te gustaría realizar en un tamaño diferente, entonces usa el cuadro que aparece a continuación como referencia para hacer la adaptación necesaria.

Cómo utilizar este cuadro

En este cuadro suponemos que tu receta básica es para un pastel redondo de 20 cm de diámetro, ya que es el tamaño más habitual. Por eso, si quieres preparar un pastel que sea de unos 25,5 cm de diámetro, observa el cuadro y verás que la cantidad que necesitas para tu receta es, en proporción, esa cantidad más la mitad. Si quieres usar un molde que no esté incluido en el cuadro, como un molde con alguna forma especial o un óvalo, llena un molde de 20 cm con agua y compáralo con la cantidad de agua que contenga tu molde. De esta manera, las cantidades de tu receta básica pueden multiplicarse o dividirse según sea necesario.

Cuadro para adaptación de recetas

Tamaños			Múltiplos de tu receta básica (medidas aproximadas)
Redondo	Cuadrado	Pelota	
7,5 cm			⅛
10 cm	7,5 cm	10 cm	¼
12,5 cm	10 cm		⅓
15 cm	12,5 cm	13 cm	½
18 cm	15 cm		¾
20 cm	18 cm	15 cm	1
23 cm	20 cm		1 ¼
25,5 cm	23 cm		1 ½
28 cm	25,5 cm		2
30 cm	28 cm		2 ½
33 cm	30 cm		3
35,5 cm	33 cm		3 ½

Consejo para hacer pasteles de pisos

★ Cuando hacemos pasteles de varios pisos, es muy común hacer cada uno de un sabor distinto, de modo que haya variedad y se satisfaga el gusto de todos. Sin embargo, deberás ajustar un poquito las medidas al momento de hornear. Por ejemplo, un plum cake con cobertura deberá ser por lo menos 1 cm más ancho que un pastel de chocolate o que un bizcocho del mismo tamaño debido a la capa adicional de mazapán. Por eso, cuando preparo un pastel mixto de plum cake y bizcocho, este último lo hago un poco más grande y luego lo recorto para que los tamaños de los distintos pasteles queden parejos.

Consejos para preparar pasteles grandes

★ Los tiempos de cocción dependerán de tu horno, así como del molde y de la profundidad del pastel.

★ Cuando prepares un bizcocho, envuelve todo el exterior del molde con papel para evitar que los bordes queden muy secos.

★ Una vez que ya se haya formado la corteza del pastel, evita que se queme poniendo papel o una placa de aluminio sobre él, o coloca una fuente para horno en el estante superior del horno, justo encima del pastel.

★ Verifica que tu horno sea lo suficientemente grande para poder cocinar el pastel.

Consejo

Puedes encontrar consejos detallados y explicaciones de cómo adaptar tus recetas en el blog Lindy's Cakes.

Horneado de cupcakes

¡Preparar cupcakes tiene que ser divertido! En primer lugar,
elige los moldecitos de papel (cápsulas) y luego escoge una receta.
Las recetas de este libro te servirán e inspirarán, pero cualquier otra
receta funcionará, así que no temas probar distintos sabores para
lograr una creación hecha con tus propias manos. Aquí van dos
de mis recetas de cupcakes preferidas.

Cupcakes de jengibre

Esta es mi receta favorita de todos los tiempos. Me encantan los
pasteles húmedos y sabrosos y esta se lleva el premio de ¡casero y
espectacular! Una vez horneados, sugiero que no dejes pasar más
de una semana antes de comerlos. Esta receta también funciona
perfectamente con un molde redondo de 13 cm (tiempo de cocción
1 ½ hora).

Ingredientes *Para 15-20 cupcakes según el tamaño de los moldes*

  120 g de mantequilla sin sal
  100 g de azúcar moreno
  60 ml (4 cucharadas) de jarabe de glucosa
  60 ml (4 cucharadas) de melaza
  150 ml de leche
  2 huevos, batidos
  7,5 ml (1 ½ cucharadita) de esencia de vainilla
  4 trocitos de jengibre en almíbar, secos y picados
  230 g de harina para bizcochos
  1 ½ cucharada de jengibre molido
  5 ml (1 cucharadita) de mezcla de especias (canela, clavo,
  jengibre y nuez moscada)

1 Precalienta el horno a 170 °C y cubre los moldes para muffins con
cápsulas de papel para cupcakes.
2 Coloca la mantequilla, el azúcar, el jarabe y la melaza en una cacerola
y calienta a fuego bajo hasta que el azúcar esté disuelto.
3 Vierte la leche, remueve y deja que la mezcla se enfríe.
4 Una vez fría, agrega los huevos, bate e incorpora la vainilla y los
trocitos de jengibre dulce.
5 Tamiza la harina y las especias en un recipiente y haz agujero en
el centro.
6 De a poco, añade el líquido frío en el agujero y bate con una
cuchara de madera hasta unir la preparación.
7 Vierte la mezcla en los moldecitos con cuchara o con manga.
Llena tres cuartos de cada molde.
8 Hornea durante 20 minutos o hasta que, al introducir un palillo en
la preparación, este salga limpio.
9 Deja enfriar los cupcakes durante cinco minutos y luego déjalos
reposar sobre una rejilla para que se enfríen por completo.

Consejos para cupcakes perfectos

★ Utiliza siempre los mejores ingredientes.
★ Es fundamental que las medidas sean precisas.
★ Todos los ingredientes deben estar a
temperatura ambiente antes de mezclarlos.
★ Asegúrate de que la fuente para cupcakes esté
limpia antes de colocar los moldecitos.
★ Rellena los moldecitos con la ayuda de una jarra
o de una manga si la mezcla es bastante líquida,
o con una cuchara si la mezcla es espesa.
★ Precalienta y hornea los cupcakes a la
temperatura adecuada. Los termómetros para
horno son de gran ayuda.
★ Si tu horno no calienta en forma homogénea,
debes girar la fuente cuando haya pasado la
mitad del tiempo de cocción.
★ Si usas un horno de convección, debes saber
que puede resecar los pasteles rápidamente,
por lo que es mejor restarle 10 grados de
temperatura a cada receta.
★ Los cupcakes deben estar completamente
fríos antes de decorarlos.
★ Los cupcakes sin decorar pueden durar en el
congelador hasta un mes.

Cupcakes de naranja y semillas de amapola

En un reciente viaje a Australia, donde dicté un curso, me enamoré de estos deliciosos pasteles, ¡el sabor cítrico y la interesante textura de las semillas de amapola me hechizaron! Estos cupcakes pueden durar un poco más que los de jengibre, por lo que recomiendo los consumas antes de que hayan pasado dos semanas de haberlos preparado. Esta receta también funciona en un molde de 13 cm de diámetro (tiempo de cocción 1 ½ hora).

Ingredientes *Para 15-20 cupcakes dependiendo del tamaño de los moldecitos*

- 185 g de mantequilla sin sal
- 160 g de azúcar glas
- 100 g de mermelada
- 1 ml (1/4 cucharadita) de esencia de almendras
- Ralladura de dos naranjas
- 80 ml de jugo de naranja
- 185 g de harina para bizcochos
- 60 g de almendras molidas
- 40 g de semillas de amapolas
- 50 g de frutas escarchadas de varios tipos
- 3 huevos grandes, ligeramente batidos

1 Precalienta el horno a 170 °C y recubre los moldecitos de los *muffins* o bollitos con cápsulas de papel para cupcakes.
2 Coloca la mantequilla, el azúcar, la mermelada, la esencia de almendras, la ralladura de naranja y el jugo en una cacerolita a fuego bajo y remueve hasta que se derrita la mezcla. Deja enfriar.
3 Tamiza la harina, las almendras y las semillas de amapola en un recipiente, agrega las frutas escarchadas y haz un agujero en el centro.
4 De a poco, vierte el líquido en el centro y mezcla hasta lograr una consistencia homogénea.
5 Agrega los huevos y mezcla hasta que queden incorporados.
6 Vierte la mezcla con cuchara o con manga en los moldecitos. Llena tres cuartas partes de cada uno.
7 Hornéalos unos 20 minutos o hasta que, al introducir un palillo, salga limpio.
8 Deja que los cupcakes reposen 5 minutos, luego colócalos sobre una rejilla para que terminen de enfriarse.
9 Píntalos con algún licor de naranja, como el Cointreau, antes de glasear.

Probaturas

Si quieres probar otras recetas, aquí hay algunos aspectos que debes tener en cuenta:
★ Cada receta de pastel sube de manera diferente; algunas mezclas no aumentan de tamaño y otras lo duplican, por lo que sugiero que hagas una prueba con una tanda de cupcakes y llenes los moldes a distintos niveles para encontrar la altura deseada para tu receta.
★ Por lo general, los cupcakes se cuecen en 20 min, pero como los hornos varían mucho deberás hacer tantas pruebas como consideres necesario.
★ Observa la forma de la parte superior de los cupcakes; algunos saldrán bastante chatos y otros se elevarán y quedarán bien redonditos. La forma es importante para decidir qué tipo de decoración será más conveniente.

Consejo

Prepara un pastel de naranjas sin las semillas de amapola o reemplaza la naranja (ralladura y jugo) por limón.

Horneado de galletas

Para decorar cualquier tipo de galletas es fundamental el sabor y la forma que tengan.
Cuando elijas una receta, es importante que te decidas por aquella que conserve la forma del molde
y que no se desparrame demasiado al cocinarse. Todos los ejemplos de este libro pueden ser
recreados con cualquiera de las recetas que aparecen a continuación. Sigue los consejos
para que las galletitas siempre resulten frescas y sabrosas.

Galletitas de vainilla

Ingredientes *Para 15-20 galletitas según el tamaño del*
cortapastas

> 75 g de mantequilla sin sal, en cubos
> 1 huevo, batido
> 275 g de harina (común), tamizada
> 30 ml (2 cucharadas) de jarabe de glucosa
> 5 ml (1 cucharadita) de levadura en polvo
> 100 g de azúcar glas
> 2,5 ml (1/2 cucharadita) de esencia de vainilla

1 Precalienta el horno a 170 °C.
2 Pon los ingredientes secos en un recipiente para mezclar.
3 Agrega la mantequilla y mezcla los ingredientes con la punta de los dedos hasta que queden como migajas.
4 Forma un agujero en el centro y agrega el huevo batido, el jarabe y la esencia de vainilla.
5 Mezcla bien hasta lograr una bola.
6 Coloca la bola en una bolsa de plástico y guárdala en la nevera por unos 30 minutos.
7 Estira la bola sobre una superficie enharinada hasta que tenga un grosor de 5 mm; lo ideal es hacerlo con la ayuda de espaciadores. Corta las galletitas usando los cortapastas con la forma elegida. Vuelve a amasar un poco los sobrantes y estira para usar toda la masa.
8 Coloca las galletitas en una placa para horno y cocínalas entre 12 y 15 minutos, hasta que estén firmes y un poco doradas pero no crujientes.
9 Deja que reposen sobre la bandeja unos dos minutos antes de pasarlas a una rejilla para que se enfríen del todo.

Galletitas de naranja especiadas

Ingredientes *Para 15-20 galletitas según el tamaño del cortapastas*

> 75 g de mantequilla sin sal, en cubos
> 75 g de azúcar moreno
> 30 ml (2 cucharadas) de miel
> Ralladura de una naranja
> 10 ml (2 cucharaditas) de jugo de naranja
> 225 g de harina común, tamizada
> 5 ml (1 cucharadita) de bicarbonato de sodio
> 5 ml (1 cucharadita) de canela

1 Precalienta el horno a 170 °C.
2 Pon la mantequilla, el azúcar, la miel, la ralladura y el jugo de naranja en un cazo y calienta a fuego lento los ingredientes hasta que el azúcar se haya disuelto y la mantequilla se haya derretido.
3 Tamiza la harina y los ingredientes secos en un recipiente y agrega los ingredientes derretidos. Mezcla bien hasta que la masa quede firme.
4 Forma una bola, colócala en una bolsa de plástico y deja enfriar unos 40 minutos en la nevera.
5 Estira la bola sobre una superficie enharinada hasta que tenga un grosor de 5 mm; lo ideal es hacerlo con la ayuda de espaciadores. Corta las galletitas utilizando los cortapastas con la forma elegida. Vuelve a amasar un poco los sobrantes y estira para usar toda la masa.
6 Coloca las galletitas sobre una placa para horno y cocina entre 12 y 15 minutos, hasta que estén firmes y un poco doradas pero no crujientes.
7 Déjalas en la bandeja unos dos minutos y colócalas en una rejilla para que se enfríen del todo.

Consejos para galletas perfectas

★ Elige siempre los mejores ingredientes y los más frescos.
★ Utiliza mantequilla sin sal, ya que las mantequillas para untar y las bajas en grasas pueden alterar la consistencia de la masa. La mantequilla hace que las galletitas tengan ese sabor tan particular y que sean crujientes por fuera.
★ Mezcla bien los ingredientes secos antes de agregar los líquidos.
★ No amases demasiado la masa porque se endurecerá, solo mézclala hasta incorporar bien la harina.
★ Asegúrate de dejar un poco de espacio entre las galletas en la placa para horno, de esta forma permites que aumenten un poquito de tamaño.

★ Procura que, al hornear, todas las galletas sean del mismo tamaño, para evitar que las más pequeñas se quemen.
★ Coloca la masa que vas a hornear en placas para horno frías. Alterna entre varias bandejas, límpialas y sécalas antes de hacer otra tanda de galletas.
★ Presta atención al tiempo de cocción. Siempre debes fijarte si las galletas están hechas apenas se cumpla el tiempo mínimo de cocción. A veces un minuto de más puede arruinar toda una tanda de galletas.
★ Deja enfriar las galletas en rejillas para evitar que se reblandezcan.
★ Prepara las galletas hasta con un mes de antelación y guárdalas sin glasear en un recipiente hermético en el congelador.

Recetas de azúcar

La mayoría de las recetas de azúcar que verás en este libro para coberturas, modelado y decoración se pueden hacer en casa con mucha facilidad. Utiliza colores para pasta comestible para pintar cada trabajo.

Pasta de azúcar (fondant)

Utilizada para cubrir pasteles y bases, la pasta de azúcar lista para usar se consigue en tiendas de decoración de pasteles. Está disponible en blanco y en un amplio espectro de colores. Pero prepararla por tu cuenta es fácil y económico.

Ingredientes *Para preparar 1 kg*

60 ml (4 cucharadas) de agua fría
20 ml (4 cucharaditas o un sobre) de gelatina en polvo
125 ml de glucosa líquida.
15 ml (1 cucharada) de glicerina
1 kg de azúcar glas, tamizado, y un poco más para espolvorear

1 Coloca el agua en un recipiente pequeño, agrega la gelatina en forma de lluvia y mezcla hasta obtener una consistencia esponjosa. Coloca el recipiente dentro de un cazo con agua caliente, pero que no esté hirviendo, y remueve hasta que la gelatina se haya disuelto. Agrega la glucosa y la glicerina, removiendo hasta que todo esté bien mezclado y líquido.
2 Tamiza el azúcar glas en un recipiente grande. Forma un agujero en el centro y, de a poquito, vierte los ingredientes líquidos, removiendo todo el tiempo. Mezcla bien.
3 Vuelca la mezcla en una superficie espolvoreada con azúcar glas y amasa hasta lograr una consistencia suave; agrega más azúcar glas si la pasta está muy pegajosa. Se puede usar inmediatamente o envolver bien y guardar en una bolsa de plástico hasta su uso.

Consejo

Puedes encontrar consejos detallados y explicaciones para saber cómo preparar pasta de azúcar casera en el blog Lindy's Cakes.

Pasta para modelar

Utilizada para agregar elementos decorativos a los pasteles, esta pasta versátil mantiene bien su forma y, al secarse, se endurece más que la pasta de azúcar. Si bien se consigue en las tiendas, es fácil de hacer, y elaborarla es mucho más económico que comprarla. ¡Yo siempre la preparo!

Ingredientes *Para preparar 225 g*

225 g de pasta de azúcar (fondant)
5 ml (1 cucharadita) de goma tragacanto

Forma un agujero en el centro de la pasta de azúcar y agrega la goma tragacanto. Amasa bien. Envuelve la mezcla en una bolsa de plástico y deja que la goma trabaje antes de usar. Comenzarás a sentir que la pasta ha cambiado después de una hora, pero es mejor dejarla toda la noche. La pasta para modelar debe ser firme pero flexible y con una textura un poco elástica. Amasar la pasta para modelar hace que se entibie y se vuelva más fácil de manejar.

Consejos sobre la pasta para modelar

★ La goma tragacanto es una goma natural que se consigue en algunas tiendas de decoración de pasteles.

★ Si no tienes mucho tiempo, puedes usar CMC (tilosa) en vez de goma tragacanto; es una opción sintética pero permite que la pasta se pueda usar casi de inmediato.

★ Una excelente alternativa para calentar la pasta para modelar es calentarla en el microondas unos segundos.

★ Si después de haber agregado una gran cantidad de color la pasta está muy blanda, tendrás que agregar un poco más de goma tragacanto.

★ Si la pasta está muy quebradiza o es difícil de trabajar con ella, agrega un poquito de grasa vegetal y de agua hervida y enfriada y amasa hasta que se ablande.

Crema de mantequilla (Buttercream)

La crema de mantequilla se usa para rellenar capas de pasteles, para pegar pasta de azúcar a los pasteles y decorar los cupcakes.

★ Crema de mantequilla clásica

Ingredientes *Para 450 g*

> 110 g de mantequilla sin sal
> 350 g de azúcar glas
> 15-30 ml (1-2 cucharadas) de leche o de agua
> Unas gotitas de esencia de vainilla u otro aroma

1 Coloca la mantequilla y bate a punto pomada.
2 Tamiza el azúcar glas en el recipiente y sigue batiendo hasta que la mezcla se vuelva blanca.
3 Agrega leche o agua lentamente hasta lograr una consistencia firme pero fácil de untar.
4 Agrega la esencia de vainilla o el aroma elegido. Guarda la crema de mantequilla en un recipiente hermético hasta su uso.

★ Crema de mantequilla con merengue suizo

Para mí, este es el mejor tipo de crema de mantequilla para los cupcakes porque es menos dulce y tiene un lindo acabado brillante. Pero ten cuidado, porque esta crema pierde su consistencia en temperaturas superiores a 15 °C, ¡así que no recomiendo que la hagas en días calurosos o en climas muy cálidos!

Ingredientes *Para 500 g*

> 4 claras de huevos grandes
> 250 g de azúcar glas
> 250 g de mantequilla sin sal, a punto pomada
> Unas gotitas de esencia de vainilla u otro aroma

1 Pon las claras y el azúcar en un recipiente y viértelo sobre un cazo con agua a punto de hervir. Remueve para evitar que se cocinen las claras.
2 Una vez que se hayan disuelto los cristales del azúcar, retira el recipiente del fuego y bate el merengue con unas varillas eléctricas hasta lograr su máximo volumen y hasta que la mezcla enfríe, unos cinco minutos.
3 Agrega la mantequilla y la vainilla y sigue batiendo unos 10 minutos. Se reducirá el volumen de la mezcla y se verá cuajada; no te asustes, continúa batiendo hasta que la glasa tenga una textura suave, liviana y esponjosa.
4 La crema conservará su firmeza en un ambiente fresco por un día o dos. Guarda en la nevera la crema de mantequilla que no hayas usado y vuelve a batirla antes de utilizarla.

★ Aromas para la crema de mantequilla

Puedes reemplazar el líquido de las recetas con:
• Bebidas alcohólicas como el whisky, el ron o el coñac
• Otros líquidos como el café, el chocolate derretido, la crema de limón o puré de frutas frescas

También puedes agregar:
• Praliné de avellana, almendra o cacahuete
• Aromas como la esencia de menta o de rosas

Pasta para modelar flores (pasta de goma)

Disponible en tiendas de decoración de pasteles, esta pasta para modelar flores (conocida también como pasta de goma o de pétalos) sirve para hacer flores de azúcar. Se consigue en blanco y en varios colores. Hay mucha variedad en el mercado, así que puedes probar varias para ver cuál prefieres. También está la opción de hacerlas en casa, pero lleva mucho tiempo de preparación y necesitarás un robot de cocina muy resistente.

Ingredientes *Para 500 g*

> 500 g de azúcar glas
> 15 ml (1 cucharada) de goma tragacanto
> 25 ml (1 ½ cucharada) de agua fría
> 10 ml (2 cucharaditas) de gelatina en polvo
> 10 ml (2 cucharaditas) de glucosa líquida
> 15 ml (1 cucharada) de grasa vegetal (mantequilla)
> 1 clara de un huevo mediano

1 Tamiza el azúcar glas y la goma tragacanto en el recipiente ya engrasado de un robot de cocina resistente (la materia grasa reduce la tensión de la máquina).
2 Coloca el agua en un pequeño recipiente, espolvorea la gelatina y mezcla hasta lograr una consistencia esponjosa. Pon el recipiente dentro de una cacerolita con agua que esté caliente pero no hirviendo y remueve hasta que la gelatina se disuelva. Agrega la glucosa y la grasa vegetal a la gelatina y sigue calentando hasta que se disuelvan y se mezclen bien todos los ingredientes.
3 Incorpora la mezcla de glucosa y clara de huevo al azúcar glas. Bate muy lentamente hasta mezclar todo (tiene que quedar de color beige), luego aumenta la velocidad al máximo hasta que la pasta se vuelva blanca y grasosa.
4 Aplica un poco de materia grasa en tus manos y retira la pasta del recipiente. Separa y estira la pasta varias veces, luego amasa para que se vuelva a unir. Colócala dentro de una bolsa de plástico y guárdala en un recipiente hermético. Deja que la pasta madure por lo menos unas 12 horas.

Consejos para preparar pasta de goma

• La pasta de goma seca rápidamente, por lo que deberás cortar solo la cantidad que necesites usar y guardar bien el resto.
• Trabájala mucho con las manos, tiene que hacer una especie de chasquido entre tus dedos cuando esté lista para usar.
• Si te quedó demasiado dura o quebradiza, agrega un poco de clara de huevo y grasa vegetal: la grasa retarda el proceso de secado y la clara la vuelve más elástica.

Pastillaje

Esta pasta se utiliza para hacer piezas de azúcar que se colocan sobre la parte superior o sobre los laterales de un pastel, y también para hacer moldes de azúcar. Esta pasta es muy útil porque, a diferencia de la pasta para modelar, queda muy dura y su consistencia no se altera por la humedad como en el caso de otras pastas. Sin embargo, se endurece muy rápido y es frágil una vez seca. Puedes comprarla en polvo, solo tienes que agregarle agua, pero también es fácil de hacer en casa.

Ingredientes *Para 350 g*

1 clara de huevo
300 g de azúcar glas, tamizada
10 ml (2 cucharaditas) de goma tragacanto

1 Coloca la clara de huevo en un recipiente grande. Agrega, poco a poco, azúcar glas hasta que la mezcla forme una bola. Agrega la goma tragacanto y mezcla bien. Luego vuelca la pasta sobre una superficie de trabajo y amasa bien.
2 Incorpora el resto del azúcar glas al pastillaje para lograr una pasta dura. Guárdalo en una bolsa de plástico en un recipiente hermético dentro de la nevera, se conservará fresco hasta un mes.

Ganache de chocolate

Sirve para rellenar o cubrir pasteles y a mí me gusta aplicarla en los cupcakes. Es ideal para toda persona adicta al chocolate. Te recomiendo que elijas el mejor chocolate que encuentres para lograr una ganache más que exquisita.

★ Ganache de chocolate amargo
Ingredientes

200 g de chocolate amargo
200 g de nata para montar

★ Ganache de chocolate blanco
Ingredientes

600 g de chocolate blanco
80 ml de nata para montar

Coloca el chocolate y la nata en un recipiente y llévalo sobre una cacerolita con agua a punto de hervir. Remueve para derretir e integrar los ingredientes.
Otra opción es usar el microondas a baja potencia, removiendo bien cada 20 segundos aproximadamente. La ganache puede usarse templada una vez que haya espesado un poco y tenga una consistencia fluida, o se puede dejar enfriar para untar con espátula. En cambio, cuando se enfría del todo, se puede batir para lograr una textura más liviana.

Glasa real

La glasa real sirve para trabajar con plantillas y para realizar detalles finos con manga. A continuación verás dos recetas de distinto método.

★ Glasa real rápida

Este método es muy rápido e ideal para cuando el tiempo escasea o para cuando quieras hacer unos pocos detalles con manga o plantilla.

Ingredientes

1 clara de un huevo grande
250 g de azúcar glas, tamizado

Coloca la clara de huevo en un recipiente, bátela ligeramente para romperla y luego incorpora el azúcar glas mientras sigues batiendo hasta que la glasa esté brillante y se formen picos suaves.

★ Glasa real profesional

Este método es un poquito más complejo, pero te permitirá lograr una glasa de mejor calidad, ideal para aplicar detalles finos con manga. Asegúrate de que todos los utensilios estén realmente limpios, ya que cualquier resto de grasa afectará la glasa.

Ingredientes

90 g de claras de huevo (aproximadamente de 3 huevos o su equivalente en albumen en polvo)
455 g de azúcar glas, tamizada
5 a 7 gotitas de jugo de limón (si utilizas huevos frescos)

1 Separa las claras un día antes de usarlas, pásalas por un colador fino o uno de té, cúbrelas con una tapa y guárdalas en la nevera para que tomen consistencia.
2 Coloca las claras en el recipiente de un robot de cocina, agrega el azúcar glas mientras las montas y por último añade el jugo de limón.
3 Usa el robot de cocina en la velocidad mínima entre 10 y 20 minutos, hasta que la glasa forme picos suaves. El tiempo que lleve dependerá de tu robot de cocina. Trata de no batir de más, prueba si está listo retirando un poco de glasa del recipiente. Si se forma un pico que se dobla un poco, tiene la consistencia correcta.
4 Guarda la glasa en un recipiente hermético, cubre la parte superior con film plástico y luego con un lienzo húmedo para evitar que la glasa endurezca; por último coloca la tapa y guárdalo en la nevera.

Consejo

Para obtener mejores resultados con la glasa real, lo ideal es aplicarla a temperatura ambiente.

Pegamentos

A menudo, puedes usar solo agua para adherir tus decoraciones de azúcar a los pasteles, pero si crees que necesitas algo un poquito más fuerte aquí van dos opciones:

★ Pegamento de azúcar

Este es un pegamento instantáneo que se prepara rápido y fácilmente, y es mi opción preferida. Coloca en un recipiente pequeño pedacitos rotos de pasta para modelar blanca y cubre con agua hirviendo. Remueve hasta que la mezcla quede disuelta, o acelera el proceso colocando el recipiente en el microondas durante 10 segundos y remueve después. Esto produce un pegamento espeso y fuerte, que se puede refinar agregando agua hervida y enfriada. Si necesitas un pegamento más fuerte, es mejor usar pastillaje como base en vez de pasta para modelar, útil para trabajos delicados.

★ Pegamento de goma

El pegamento de goma claro se consigue en las tiendas, por lo general se lo conoce como pegamento comestible, pero es muy fácil y mucho más económico si lo preparas en casa. Los ingredientes básicos son 1 parte de CMC (Tilosa) para 20 partes de agua tibia, lo que se traduce en 1,5 ml (1/4 cucharadita) de CMC (tilosa) para 30 ml (2 cucharadas) de agua tibia. Coloca el CMC (tilosa) en un recipiente pequeño con tapa, agrega el agua tibia y sacude bien. Deja reposar en la nevera durante la noche. A la mañana verás un pegamento espeso y claro que te servirá para pegar tus piezas de azúcar.

Grasa vegetal blanca (shortening)

Esta grasa vegetal blanca (shortening) también es conocida por su marca: en el Reino Unido es Trex o White Flora; en Sudáfrica, Holsum; en Australia, Copha, y en Estados Unidos, Crisco. Esta última es la que te será más fácil de encontrar en España.

Glasa de albaricoque

Esta glasa se utiliza tradicionalmente para fijar el mazapán a los pasteles de frutas. También puedes utilizar otros dulces o jaleas, como por ejemplo la de manzana. La jalea de grosellas rojas queda deliciosa sobre pasteles de chocolate cuando se usa una cobertura de mazapán.

Ingredientes

115 g de mermelada de albaricoque
30 ml (2 cucharadas) de agua

Pon la mermelada y el agua en una olla. Calienta a fuego suave hasta derretirla, y luego hierve rápidamente unos 30 segundos. Pasa por un tamiz si la mermelada tiene trocitos de fruta. Aplícala cuando esté templada.

Gel para manga (piping gel)

El gel comestible para manga es un gel multiuso transparente que es excelente para aplicar pasta de azúcar en las galletitas. También sirve para dar toques brillantes y coloridos. Se consigue en las tiendas pero es fácil de hacer en casa.

Ingredientes

30 ml (2 cucharadas) de gelatina en polvo
30 ml (2 cucharadas) de agua fría
500 ml de jarabe de glucosa

Vierte la gelatina en forma de lluvia en el agua fría dentro de una cacerolita y deja asentar unos cinco minutos. Calienta a fuego lento hasta que la gelatina esté clara y disuelta, no dejes que hierva. Agrega el jarabe y remueve constantemente. Deja enfriar y guarda en la nevera. Dura hasta dos meses.

Cobertura de pasteles y bases

Sigue estas técnicas para lograr un aspecto impecable y profesional en tus pasteles, cupcakes, galletitas y bases de pasteles. Con un poco de cuidado y práctica, verás que conseguirás un acabado suave y liso.

Para nivelar el pastel

Hacer la base de un pastel con precisión es muy importante a la hora de crear tu obra maestra. Hay dos formas de hacerlo, dependiendo del tipo de pastel.

Método 1 Coloca una escuadra contra el borde del pastel y, con la ayuda de un cuchillo afilado, marca una línea alrededor de la parte superior del pastel en la altura indicada: 7 - 7,5 cm. Con un cuchillo grande y de borde dentado corta alrededor de la línea marcada y a través del pastel para retirar la corteza elevada.

Método 2 Coloca una base sobre el fondo del molde que se utilizó para cocinar el pastel de forma que, cuando insertes el pastel nuevamente en el molde, el borde exterior quede nivelado con el molde y la parte superior abombada sobresalga. Con un cuchillo grande y afilado, corta y retira esta parte, manteniendo el cuchillo contra el borde del molde (A). Así lograrás que el pastel quede completamente igualado.

Relleno de pasteles

No es necesario agregar rellenos a las recetas de pasteles que aparecen en este libro, pero a mucha gente le gusta rellenar los bizcochos con mermelada o crema de mantequilla. Para agregar rellenos, divide el pastel en varias capas horizontales y aplica el relleno deseado (**B**).

Cantidades para cubrir con mazapán o pasta de azúcar

Tamaños			Cantidades de mazapán y pasta de azúcar - 5 mm de espesor.
Redondo	Cuadrado	Pelota	
7,5 cm			275 g
10 cm	7,5 cm	10 cm	350 g
12,5 cm	10 cm		425 g
15 cm	12,5 cm	13 cm	500 g
18 cm	15 cm		750 g
20 cm	18 cm	15 cm	900 g
23 cm	20 cm		1 kg
25,5 cm	23 cm		1,25 kg
28 cm	25,5 cm		1,5 kg
30 cm	28 cm		1,75 kg
33 cm	30 cm		2 kg
35,5 cm	33 cm		2,25 kg

Nota: Estas cantidades de mazapán y de pasta de azúcar son las necesarias para cubrir un pastel, si quieres cubrir más de una necesitarás menos cantidad ya que podrás reutilizar los recortes.

Para guardar pasteles en el congelador

Guardar pasteles en el congelador te permite prepararlos con antelación y cortarlos con mayor facilidad sin que el pastel se resquebraje y se despedace. La dureza que tendrá el pastel al congelarse dependerá de la configuración del congelador, de modo que quizás sea necesario dejar que el pastel descongele por un rato antes de cortarlo.

Cómo cubrir un pastel con mazapán

El plum cake debes cubrirlo con mazapán antes de aplicar la cobertura de pasta de azúcar para darle sabor, para sellar su humedad y para evitar que la fruta manche la pasta de azúcar.

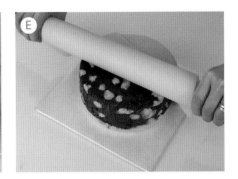

1 Retira el papel del pastel y pásale el rodillo para achatarlo ligeramente. Si el pastel va apoyado sobre una base forrada con papel de aluminio, cubre la parte superior del pastel con una capa muy fina de mazapán y extiéndela con el rodillo (**C**). (Esto sirve para evitar que el ácido de la fruta disuelva la cobertura plateada de la base. Es muy importante si el pastel se guarda durante algún tiempo una vez cubierto).

2 Dale la vuelta al pastel para que la parte plana (la base) quede arriba y colócalo sobre una base de pastel cubierta con papel de horno. Retira el exceso de mazapán de los costados.

3 Amasa el mazapán para que quede flexible (ver los consejos a continuación).

4 Pincela con glasa templada de albaricoque dentro del hueco que está alrededor de la base del pastel. Prepara un rollito largo de mazapán y colócalo alrededor de la base, presiona para que entre por debajo del pastel con la ayuda de un pulidor, de modo que se llene cualquier hueco que haya (**D**).

5 Pincela el pastel con la glasa templada de albaricoque y aplica pequeños trocitos de mazapán para rellenar cualquier hueco que haya en el pastel. Extiende el mazapán entre espaciadores de 5 mm, con la ayuda de azúcar glas o grasa vegetal para que no se pegue a la mesa de trabajo. Ve girando el mazapán mientras lo estiras para que conserve su forma, pero no le des la vuelta.

6 Levanta el mazapán con el rodillo y colócalo sobre el pastel (**E**). Empareja la parte superior del pastel con un pulidor para quitar todos los globitos de aire, luego extiende el mazapán por los costados del pastel con la mano en forma ahuecada y con un movimiento hacia arriba, deshaciendo cualquier pliegue que se forme a medida que avanzas (**F**). Suaviza el borde superior con la palma de la mano, y los costados con un pulidor.

7 Lentamente, presiona con el pulidor alrededor del borde del pastel hacia los restantes de mazapán y luego recórtalos para que el borde quede limpio (**G**). Deja endurecer el mazapán en un lugar cálido y seco entre 24 y 48 horas para lograr una base firme antes de decorar.

Consejos sobre el mazapán

★ Elige un mazapán blanco que tenga una textura suave y un contenido alto de almendras (por lo menos 23,5 por ciento).

★ No uses azúcar glas que tenga fécula de maíz (almidón de maíz) agregada para estirar el mazapán, porque podría fermentar.

★ Asegúrate de que ningún alérgico a los frutos secos coma el pastel. Esto es importante porque la alergia a la nuez es muy grave y puede tener consecuencias fatales.

Consejo

No amases demasiado el mazapán, ya que puede destilar su aceite y cambiar de consistencia.

Cómo cubrir un pastel con pasta de azúcar

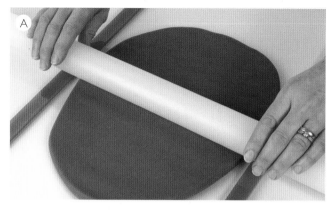

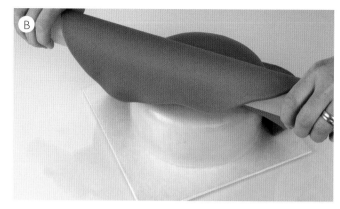

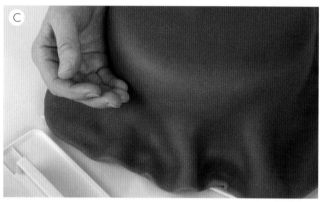

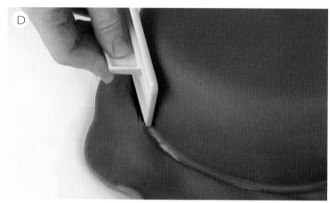

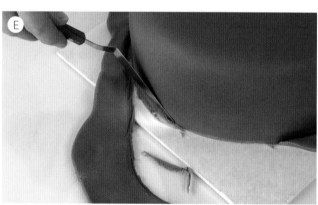

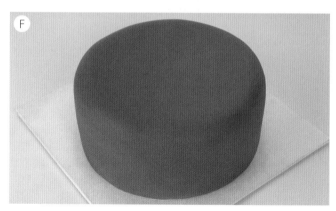

1 Para un plum cake, humedece la superficie del mazapán con una capa homogénea de alguna bebida alcohólica incolora, como la ginebra o el vodka, para evitar que se formen globitos debajo de la pasta de azúcar. Para los bizcochos, coloca el pastel en una base dura que sea del mismo tamaño del pastel y colócala sobre papel de horno. Cubre el pastel con una fina capa de crema de mantequilla para rellenar huecos y para que la pasta de azúcar se adhiera a la superficie del pastel.

2 Amasa la pasta de azúcar hasta que esté tibia y flexible. Estira sobre una superficie ligeramente embadurnada con grasa vegetal, en vez de azúcar glas, ya que la materia grasa funciona bien y evitarás que el azúcar glas seque o marque la pasta de azúcar. Estira la pasta hasta que tenga un grosor de 5 mm utilizando espaciadores para asegurar un espesor uniforme.

3 Retira la pasta cuidadosamente y colócala sobre la parte superior del pastel, apoyándola en el rodillo, y ubícala de modo que cubra el pastel (**B**). Con un pulidor, suaviza la parte superior para retirar globitos y excedentes. Suaviza el borde superior con la palma de las manos. Cuando suavices la pasta de azúcar, asegúrate siempre de tener las manos limpias y secas, y sin restos de migajas.

4 Con la mano ahuecada y en movimiento ascendente, extiende la pasta de azúcar según la forma del pastel (**C**). No hay que presionar sobre los pliegues de la pasta, es mejor abrirlos y redistribuirlos hasta que el pastel esté cubierto por completo.

5 Toma el pulidor y, mientras haces presión, pasa el borde chato alrededor de la base del pastel para crear una línea de corte (**D**). Retira el sobrante con una pequeña pala para pasteles (**E**) para crear un borde homogéneo y suave (**F**).

Cómo cubrir un pastel con bordes rectos

Si quieres que tu pastel tenga bordes rectos, como verás en el pastel de sombrereras del capítulo de Plantillas, tendrás que cubrir el pastel con pedazos de pasta de azúcar por separado para mantener los bordes. Esto dará como resultado una junta o unión, así que piensa bien si es mejor que esta quede sobre el costado o sobre la parte superior del pastel. En el caso del pastel de sombrereras, la junta está en el costado, pues se cubre con el aro de la tapa, de modo que los laterales quedan cubiertos y luego se cubre la parte superior.

★ Los laterales

1 Amasa la pasta de azúcar hasta que esté tibia, luego prepara un rollito con forma de salchicha larga que tenga el largo de la circunferencia del pastel. Coloca el rollito sobre la superficie de trabajo y aplasta para ensanchar la pasta hasta que tenga por lo menos la altura del pastel y un espesor de 5 mm. Corta un borde derecho.

2 Cubre los laterales del pastel con una capa fina de crema de mantequilla. Con cuidado, enrolla la pasta como una cinta, luego deberás desenrollarla alrededor de los laterales del pastel para que la línea de corte quede alineada respecto del borde inferior del pastel (G). Suaviza el pastel con el pulidor para darle un acabado homogéneo.

3 Sin demasiado cuidado, retira el exceso de pasta con unas tijeras. Nota: esto

es solo para retirar el excedente, no para realizar una terminación prolija cuidadosa.

4 Coloca el pulidor sobre la superficie de la pasta de azúcar para que se apoye parcialmente por encima del borde del pastel, luego retira con cuidado el sobrante de pasta cortando con un cuchillo en dirección al pulidor (H).

★ La parte superior

1 Estira con el palo un poco más de pasta de azúcar y cubre la parte superior del pastel. Retira el exceso de pasta que cuelga con unas tijeras, sin mucho cuidado.

2 Coloca el pulidor sobre la superficie de la pasta de azúcar para que sobresalga un poquito del borde del pastel, luego, con un cuchillo, retira el excedente de pasta cortando en dirección al pulidor (I).

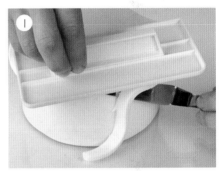

Para cubrir un pastel con forma de pelota

1 Coloca el pastel sobre papel de horno y cubre con crema de mantequilla o mazapán.

2 Extiende la pasta de azúcar hasta un grosor de 5 mm, con un tamaño del mismo diámetro que la circunferencia del pastel. Coloca la pasta sobre el pastel con forma de pelota (J), acomoda la pasta alrededor de la base del pastel y tira un poco del excedente para formar dos o más pliegues (K). Recorta los pliegues con la tijera y suaviza los bordes que se juntan; las líneas deberían desaparecer con solo presionar un poco con la mano.

3 Recorta el excedente de pasta de la base del pastel. Con un pulidor y luego pasando la mano, suaviza la superficie del pastel haciendo trazos verticales (M). Vale la pena tomarse el trabajo de hacerlo, ya que la pasta no quedará reseca si la trabajas constantemente. Deja secar el pastel.

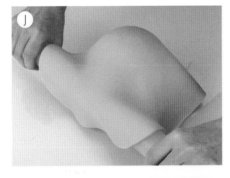

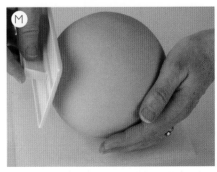

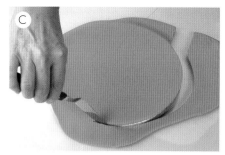

Cómo cubrir las bases

Cubrir una base con pasta de azúcar es como preparar un lienzo para aplicar decoraciones; es un complemento que realza mucho el diseño del pastel.

1 Extiende la pasta de azúcar y amasa hasta que tenga un espesor de 4 mm o 5 mm si utilizas espaciadores.
2 Humedece la base con agua hervida y enfriada o pegamento de azúcar. Levanta la pasta y cubre la base (**A**). Pasa el pulidor sobre la pasta con movimientos circulares para lograr una terminación suave y lisa en la base (**B**).
3 Corta la pasta al ras de los laterales de la base con la ayuda de una espátula de mango curvo y tratando de mantener vertical el borde (**C**). Lo ideal es dejar secar completamente la base cubierta por una noche.

Cómo cubrir la base y sus laterales

Para cubrir una base de pastel y sus laterales, como verás en el pastel de Creación coral en el capítulo sobre Decoración con manga, primero hay que colocar la base del pastel sobre una base más pequeña para que sobresalga de la superficie de trabajo. Luego tienes que extender un poco de pasta de azúcar y colocarla sobre la base. Con un pulidor, realiza un movimiento circular para suavizar la pasta y lograr una superficie homogénea. Con una espátula curva, recorta la pasta de azúcar que sobresalga por debajo de la base, tratando de mantener el corte horizontal (**D**). Deja secar.

Para cubrir minipasteles

Las minipasteles se cubren del mismo modo que los pasteles comunes, solo cambia la escala. Verás que el glaseado se pliega más rápidamente, así que recuerda que debes dejar abiertos los pliegues (**E**) antes de pasar el pulidor para darle forma (**F**). También verás que la pasta de azúcar es más gruesa en la parte inferior del pastel que en la parte superior; para arreglar esto, tienes que girar el pastel entre dos pulidores para poder redistribuir la pasta y asegurarte de que los laterales del pastel queden verticales (**G**).

Consejo

Si hay globitos de aire debajo de la cobertura, pínchalos con un punzón o con un alfiler de cabeza redonda para liberar el aire.

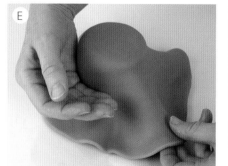

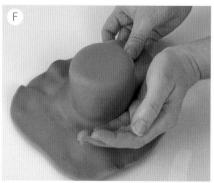

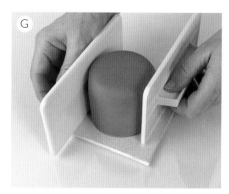

Cómo cubrir cupcakes

Siempre viene bien tener todo listo antes de cubrir los cupcakes. No todos salen del horno con una forma perfecta, algunos tendrás que recortarlos un poquito con un cuchillo afilado mientras que otros mejoran su volumen cuando se les agrega el baño adecuado.

1 Inspecciona cada uno de tus cupcakes para asegurarte de que tengan la forma necesaria para que la decoración quede como quieres y arregla los que no tengan la forma adecuada.
2 Para que la pasta de azúcar quede bien fija sobre los cupcakes, tendrás que pincelarlos con algún jarabe o bebida alcohólica o agregar una capa fina de crema de mantequilla o ganache; esto aumenta el sabor de los pasteles y los vuelve más llamativos.
3 Amasa la pasta de azúcar hasta que esté tibia y flexible. Extiéndela sobre una superficie ligeramente embadurnada con grasa vegetal en vez de azúcar glas. Estira la pasta hasta que tenga un grosor de 5 mm y utiliza espaciadores para asegurarte de lograr un espesor homogéneo.
4 Corta círculos de pasta de azúcar con un cortapasta del tamaño adecuado (**I**). El tamaño del círculo dependerá del molde o cápsula de papel del cupcake, y de lo que suba la masa.
5 Con una espátula, levanta con cuidado los círculos de pasta y apóyalos sobre cada cupcake (**J**). Usa la palma de la mano para darle la forma del cupcake a la pasta, acomodando los sobrantes hacia adentro si es necesario.

Cómo cubrir galletitas

La pasta de azúcar es excelente y muy versátil para decorar galletitas y te permite usar toda tu creatividad.

1 Embadurna la superficie de trabajo con grasa vegetal para evitar que la cobertura se pegue. Amasa la pasta de azúcar para entibiarla antes de su aplicación.
2 Extiende la pasta de azúcar ya amasada y déjala de un espesor de 5 mm. Recorta la forma con el mismo cortapasta que utilizaste para hacer las galletitas (**K**). Retira el excedente de pasta.
3 Pinta con gel para manga la parte superior de la galletita para que actúe como pegamento (**L**). Otra opción es utilizar mantequilla o mermelada . Con cuidado, levanta la forma de pasta de azúcar con una espátula para no deformarla y colócala encima de la galletita (**M**). Si el cortapasta dejó algún borde irregular se puede arreglar con el dedo y después colocar sobre la galletita.
4 Pasa el dedo por todo el contorno de la pasta de azúcar para suavizar los bordes y darles forma curva.

Consejo

Si quieres cubrir solo una parte de la galletita, aplica gel para manga solo a esa sección.

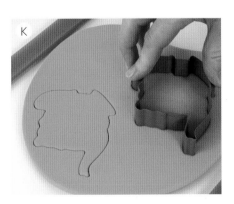

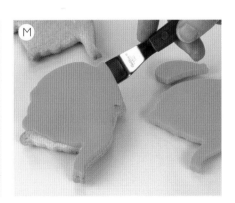

Pasteles de varios pisos

Un pastel de varios pisos, al igual que un edificio, requiere de una estructura escondida dentro de sí para que no se caiga. Es importante que «construyas» esta estructura correctamente para poder aplicarle los elementos decorativos. Por ello, te invito a seguir estas instrucciones con mucha atención, pues vale la pena el tiempo que te tomes para comprender esta etapa.

Colocación de varillas en los pasteles

Todos los pisos, salvo el superior, deben tener varillas para proporcionar soporte.

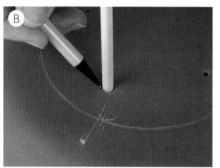

1 Coloca los pasteles que van a ser apilados en bases con la misma circunferencia y cubre cada una con pasta de azúcar; esto permite que las bases queden invisibles y da estabilidad a los pasteles apilados.

2 Para que los pasteles tengan soporte, es necesario insertar varillas en todos los pisos salvo en el superior. Para esto, coge el pastel más grande y colócale encima y en el centro una base del mismo tamaño que el pastel que irá en el piso de arriba. Marca el contorno de modo que quede una línea visible (**A**).

3 Inserta una varilla de 2,5 cm en posición vertical sobre la marca delineada y atraviesa el pastel hasta sentir que toca la base del pastel. Marca la altura exacta en la varilla con un cuchillo o lápiz (**B**) y retira la varilla.

4 Une con cinta adhesiva cuatro varillas alineadas. Luego dibuja una línea de corte con un lápiz sobre las otras varillas, asegurándote de que la línea esté a 90 grados de las varillas (puedes usar una escuadra) (**C**). Con una sierra pequeña, córtalas.

5 Coloca una de las varillas en el agujero de medición e inserta las otras en posición vertical hasta llegar a la base del pastel y de modo que formen un cuadrado equidistante, utilizando la primera varilla como referencia (**D**).

6 Repite los pasos del 1 al 5 en todas los pasteles, menos en el superior. Es muy importante que todas las varillas estén en posición vertical, sean del mismo largo y tengan puntas chatas.

Cómo insertar varillas en pasteles irregulares

La única diferencia cuando se trabaja con pasteles torcidos es la posición de cada varilla, que tendrá una medida distinta y que tendrás que cortar las puntas del mismo ángulo del pastel para que todo esté alineado antes de aplicar la cobertura. Utiliza un cortacables.

Cómo apilar los pasteles

Antes de apilar los pasteles, cúbrelos e inserta las varillas. Aplica unos 15 ml (1 cucharada) de glasa real en el área delineada de la base y coloca encima el siguiente piso de pastel, usando ese contorno como guía. Repite este paso con el resto de los pisos.

Embalaje y protección

Las siguientes condiciones pueden afectar tus pasteles
y galletitas decoradas.

- La luz del sol destiñe y modifica los colores de la cobertura,
  por lo que aconsejo que los guardes en un lugar oscuro.
- La humedad puede arruinar las decoraciones hechas con
  pasta para modelar y pastillaje, puede ablandar la cobertura
  y provocar que se caigan las piezas decorativas que estén
  de pie. También puede hacer que los colores oscuros manchen
  las decoraciones de colores claros; sean comestibles o no.
- El calor puede derretir las coberturas, como la crema de
  mantequilla, e impedir que la pasta de azúcar se adhiera.

★ Cupcakes

Guarda los cupcakes fríos en un
recipiente hermético a temperatura
ambiente hasta el momento de decorar.
Recomiendo que decores tus pasteles
poco antes de comerlos para evitar que
se resequen. De no ser posible, utiliza
papel de aluminio o cápsulas de buena
calidad y cubre toda la parte superior del
pastel para sellar la humedad.
Las cajas de cartón para cupcakes
son la mejor forma de transportarlos;
simplemente son cajas con base interior, lo
que evita que los pasteles se resbalen. Puedes
apilar las cajas para llevarlas fácilmente. Hay
de distintos tamaños y hay bases interiores
individuales y hasta para 24 cupcakes.

★ Pasteles

Para proteger tu pastel, puedes
colocarlo dentro de una caja de
cartón limpia que tenga tapa y
guardarlo en un ambiente fresco
y seco, pero nunca en una nevera.
Si la caja es apenas más grande
que el pastel y hay que transpor-
tarla, coloca dentro de la caja un
paño antideslizante para evitar
que el pastel se mueva.

★ Galletitas

Las galletitas se conservan muy bien, y
puedes prepararlas y decorarlas con
anticipación. Una vez decoradas y
secas, por lo general las guardo
en bolsitas para protegerlas.
No obstante, si tienes que
guardar muchas, deja secar
todo el glaseado y la
decoración y luego guárdalas
en recipientes herméticos,
separándolas por capas
con papel de cocina.

★ Minipasteles

Una bonita forma de proteger tus
minipasteles es guardándolos en cubos
de PVC, de este modo se pueden
exhibir y guardar al mismo tiempo.

Porciones de pastel

La cantidad de porciones que tenga un pastel dependerá
del cuidado y destreza de quien lo corte. Las porciones de
plum cake que aparecen en el cuadro son cuadrados de 2,5 cm
de lado, pero en muchos servicios de catering los cortes son
más pequeños. Siempre es mejor calcular de más la cantidad de
porciones. Los bizcochos se sirven en porciones de 5 × 2,5 cm
o del doble del tamaño de las porciones del plum cake. También
puedes preparar un pastel de más si quieres porciones más
grandes para un cumpleaños o un té con amigos.

★ Cómo cortar un pastel

Primero haz un corte que divida el pastel por la mitad y
corta líneas paralelas a una distancia de 2,5 cm entre cada una.
Luego corta una línea perpendicular al centro, seguida de líneas
paralelas de un ancho de 5 cm para los bizcochos y 2,5 cm
para el plum cake.

Guía de porciones

| Tamaños | | | Porciones aproximadas | |
Redondo	Cuadrado	Pelota	Porción de plum cake de 2,5 cm	Porción de bizcocho de 5 × 2,5 cm
7,5 cm			9	4
10 cm	7,5 cm	10 cm	12	6
12,5 cm	10 cm		16	8
15 cm	12,5 cm	13 cm	24	12
18 cm	15 cm		34	17
20 cm	18 cm	15 cm	46	24
23 cm	20 cm		58	28
25,5 cm	23 cm		70	35
28 cm	25,5 cm		95	47
30 cm	28 cm		115	57
33 cm	30,5 cm		137	68
35,5 cm	33 cm		150	75

Tallado

Realizar un pastel de la forma correcta es fundamental para decorar con cualquier diseño. Si la idea de tallar o esculpir un pastel te intimida, verás que te estás limitando a realizar formas básicas. Por eso, si tienes un cuchillo afilado y un poco de coraje, te darás cuenta de que es perfectamente posible esculpir una forma que pueda transformar lo ordinario en extraordinario. Una vez que domines las técnicas básicas del tallado de pasteles, podrás tener al alcance de la mano casi todas las formas. Este capítulo te mostrará cómo tallar una forma simple, cómo usar plantillas para realizar una forma más compleja y finalmente cómo crear un pastel fantásticamente inclinado.

Contenido del capítulo

Cómo elegir el pastel adecuado

★ Rellenar o no rellenar

★ Consejos para el tallado de pasteles

Tallado de una forma simple

Uso de plantillas

Tallado de pasteles torcidos

★ Horneado de los pasteles

★ Tallado de la parte superior del pastel base

★ Tallado de los laterales del pastel base

★ Tallado de los pisos superiores

★ Ajuste y colocación de los pisos del pastel

Consejo

Sé valiente cuando realices el tallado, ¡los pasteles no muerden y los errores se pueden comer!

Obra de arte moderno

Las líneas de este pastel fueron creadas tallando cada uno de los pisos en ángulos opuestos para darle un efecto irregular y extravagante, perfecto para este diseño inspirado en Kandinsky. Estudia paso a paso las instrucciones del capítulo sobre Trabajos para todos los pasteles que aparecen en este capítulo.

Cómo elegir el pastel adecuado

Cuando realices el tallado de un pastel, es muy importante que elijas una receta de un pastel que tenga una consistencia lo suficientemente densa para poder tallar con éxito. En mi caso, suelo elegir un bizcocho aromatizado o un pastel de chocolate de buena calidad (ver Horneado de pasteles), pero hay otras recetas que también funcionan, así que puedes probar con tus recetas favoritas. Sin embargo, no trates de tallar un pastel que tenga una consistencia demasiado blanda y esponjosa, porque tendrá un sabor delicioso pero será muy difícil de tallar y, una vez cubierta, podría derribarse debido al peso de la pasta de azúcar.

Rellenar o no rellenar

No es necesario agregar rellenos a las recetas de pasteles que aparecen en este libro, pero sé que a mucha gente le gusta rellenar sus pasteles con dulces o crema de mantequilla aromatizada.

Para agregar un relleno, divide el pastel en varias capas horizontales y agrega el relleno elegido. Para obtener mejores resultados cuando realices el tallado, agrega únicamente capas finas de relleno, porque las capas espesas desestabilizan el pastel y son más difíciles de tallar. Tampoco agregues mermelada y crema de mantequilla sobre la misma capa porque esto provocará que la capa superior se deslice, y hará que el pastel se vuelva inestable.

Consejos para el tallado de pasteles

★ Utiliza un cuchillo grande de repostería. Si usas un cuchillo romo, te costará más y los cortes no saldrán uniformes. También puede suceder que caigan algunos pedazos de pastel, y si bien las roturas se pueden arreglar, es mejor evitarlas.

★ Es mucho más fácil tallar un pastel que estuvo en el congelador que un pastel fresco. Guardar el pastel en el congelador te permite hornearlos con antelación y tallar formas más sofisticadas sin que el pastel se desmigaje. Recuerda que debes dejar que el pastel se descongele un poco antes de tallarlo.

★ La precisión con la que debes tallar dependerá de la forma. Si realizas formas «orgánicas», no importa si la terminación no es simétrica, pero para un pastel inclinado tendrás que ser puntilloso. Asegúrate de tener una regla y una escuadra que tenga el cero en el extremo, y no una que tenga un espacio entre el extremo y el cero.

Tallado de formas simples

En la siguiente secuencia verás cómo tallar un pastel con forma de corazón en un pastel redondo, pero las indicaciones se aplican del mismo modo a los pasteles cuadrados y otras formas talladas.

Corazón de parches
Un pastel con forma de corazón muestra cuánto te importa una persona.

1 Hornea un pastel redondo y una vez frío nivela la parte superior. Toma un círculo de papel del mismo tamaño del pastel y dóblalo por la mitad. Dibuja la mitad de un corazón. Si dibujas un corazón «gordito» tendrás más pastel y si dibujas uno más delgado tendrás menos.

2 Coloca la plantilla sobre el pastel y sujétala con palillos. Con un cuchillo de buen filo, haz cortes verticales hacia abajo en todo el pastel para obtener el contorno del corazón.

3 Comienza a darle forma al pastel cortando con cuidado, desde el centro hacia el extremo para formar la punta del corazón. Luego talla una curva suave desde el centro del pastel hacia todos los bordes inferiores. Por último, redondea todos los bordes del corazón.

Uso de plantillas

Por lo general, la mejor manera para comenzar a tallar formas es hacer plantillas. La siguiente secuencia es para que veas cómo tallar un bolso, pero las mismas instrucciones se pueden aplicar a otras formas.

Fucsia fashion

Con una plantilla que te sirva de guía, son posibles hasta las formas más complicadas.

1 Toma fotografías de todas las caras de un objeto, asegurándote de que las imágenes salgan lo más derechas posible y no desde un ángulo de la cámara. Adapta las fotografías para lograr el tamaño adecuado de un pastel, teniendo en cuenta que las dimensiones (alto, largo y ancho) de las imágenes tienen que coincidir.

2 Nivela un pastel cuadrado y córtalo por la mitad. Coloca una mitad encima de la otra para obtener un pastel de 15 cm de ancho. Recorta dos plantillas del frente. Fija una plantilla a cada lado del pastel con la ayuda de palillos.

3 Con un cuchillo afilado y, colocándolo en ángulo recto respecto de las plantillas, talla el excedente de pastel; con esto ya podrás ver su forma preliminar.

4 Coloca la plantilla de la parte superior sobre el pastel y, utilizándola de guía, talla todas las esquinas del bolso mediante cortes prolongados, rectos y verticales.

5 Retira las plantillas y marca la línea central sobre la parte superior del bolso donde irá la hebilla. Con la plantilla como guía para tomar el ancho, marca una línea a cada lado de la línea del centro. Corta el pastel atravesándolo por las líneas marcadas a una profundidad de 1,5 cm. Luego, con el cuchillo en posición horizontal, corta desde el extremo hasta los cortes verticales recién hechos.

6 Tendrás que tallar el resto del pastel a mano alzada. Quita un poco de excedente de pastel a la vez, primero el frente y luego la parte posterior, hasta lograr un bolso curvo y bien proporcionado. Cuanto más pastel quites en la parte de arriba, más delgado se verá el bolso.

7 Para dar forma a los extremos, utiliza un cuchillito de pelar. Haz un corte vertical en ambos extremos en la parte de la hebilla. Luego, con la punta del cuchillo, recorta un pedazo con forma de lágrima en cada extremo y procura que te queden uniformes. Por último, redondea el área que quedó debajo del corte en forma de lágrima.

Tallado de pasteles irregulares

Para muchos, un pastel de varios pisos con cortes de distintos ángulos es un desafío extremo. Pero no es tan difícil como parece, siempre y cuando realices los tallados de uno en uno, siguiendo atentamente las instrucciones y verificando cada corte que vayas haciendo.

Horneado de los pasteles

Necesitarás de dos a cuatro pasteles redondos que tengan 7,5 cm de profundidad cada uno, según los pisos que quieras tallar. Para que tu pastel tenga un aspecto similar al mío, la diferencia de tamaño entre cada pastel deberá ser de 7,5 cm.

La gloria de Gaudí

La forma divertida y original de este pastel, inspirada en la obra de Antoni Gaudí, puede parecer complicada, pero es más fácil de lo que crees.

Cómo tallar la parte superior del pastel base

1 Primero nivela la base del pastel a una altura de 7,5 cm (si tu pastel no tiene esta altura deberás ajustar las medidas: puedes agregar bases de pastel por debajo para lograr la altura deseada). Toma cuatro palillos e inserta uno dentro del borde superior del pastel a 45°. Inserta el siguiente en el extremo opuesto respecto del primero en posición horizontal en el lateral del pastel y a 4 o 5 cm de la base. Las alturas varían según el tamaño del pastel (ver cuadro en la página siguiente).

2 Inserta dos palillos más a la mitad de distancia de los palillos anteriores, a la altura indicada en el cuadro. Así podrás tener una guía de corte que te ayude a tallar la parte superior. Con un cuchillo largo y afilado y con los palillos como referencia, haz un corte que atraviese la parte superior del pastel.

4 Verifica que los laterales sean de la misma altura, estén equidistantes, y ajusta si es necesario. Unta con crema de mantequilla (si se trata de un bizcocho) o con una reducción de mermelada (si se trata de un plum cake) la pendiente del pastel principal.

3 Deja la rebanada en su lugar y apoya una base de pastel apenas un poco más grande que el pastel que irá encima. Gira todo el pastel y luego retira la parte principal del pastel, que está en la parte superior, y colócala otra vez sobre su base.

5 Coloca la parte superior de la base sobre la superficie preparada de modo que los laterales más altos y los más bajos coincidan, esto hará que aumente la inclinación. En esta etapa, lo ideal es guardar los pasteles en el congelador. Después es mucho más fácil tallarlos y ajustar la forma.

Tallado de los laterales del pastel base

1 Da vuelta el pastel base para que descanse sobre la pendiente superior. Toma una base redonda del tamaño adecuado (ver en el cuadro) y colócala en el centro. Haz un corte poco profundo alrededor de la base para marcar su posición (así es más fácil de reemplazar si se desliza). Luego, talla cortes pequeños desde el borde de la base hacia el borde exterior del pastel sobre tu superficie de trabajo.

2 Gira el pastel nuevamente y endereza los cortes laterales si es necesario. También es importante verificar que el pastel quede simétrico y corregir si hay imperfecciones. Si se trata de un bizcocho, puedes darle forma curva al borde superior con la ayuda de un cuchillito o con unas tijeras para finalizar.

Consejo

Tómate el tiempo que necesites para aprender correctamente los aspectos esenciales del esculpido de estos pasteles; no te apresures, en especial si es la primera vez que lo haces.

Tallado de los pisos superiores

Cuando se esculpen los pisos superiores en un pastel inclinado, lo único diferente es que la base no se coloca en el centro del pastel base. Tiene que estar más cerca del punto más alto del pastel para lograr el mejor efecto; por ejemplo, para un pastel de 12,5 cm, la base debe apoyarse a 1 cm del punto más alto.

Ver Cobertura de pasteles y Apilado de pasteles.

Ajuste y apilado

Apila los pasteles, como si fuera el pastel terminado, para verificar que los laterales y la pendiente coincidan; luego desarma el pastel y corrige, si es necesario, con un cuchillito afilado. Cuando todo esté perfecto, aplica la cobertura, inserta las varillas y apila los pasteles para la decoración.*

Guía para tallar un pastel inclinado para pasteles de 7,5 cm de profundidad

Tamaño	Altura de los laterales			Diámetro de la base	Aumentar la altura agregando bases de pastel después del tallado	Pisos superiores; posición de las bases desde su punto más alto
	Punto más alto	Punto más bajo	Puntos intermedios			
33 cm	7,5 cm	3,75 cm	5,6 cm	28 cm	Base 2 x 15 mm de profundidad	—
30,5 cm	7,5 cm	3,75 cm	5,6 cm	25,5 cm	Base 2 x 15 mm de altura	—
28 cm	7,5 cm	4 cm	5,75 cm	23 cm	Base 1 x 15 mm de altura	—
25,5 cm	7,5 cm	4 cm	5,75 cm	20 cm	Base 1 x 15 mm de altura	1,5 cm
23 cm	7,5 cm	4,25 cm	5,9 cm	18 cm	—	1,5 cm
20 cm	7,5 cm	4,5 cm	6 cm	15 cm	—	1,25 cm
18 cm	7,5 cm	4,5 cm	6 cm	12,5 cm	—	1,25 cm
15 cm	7,5 cm	4,75 cm	6 cm	10 cm	—	1,25 cm
12,5 cm	7,5 cm	5 cm	6,25 cm	9 cm	—	1 cm
10 cm	7,5 cm	5 cm	6,25 cm	7,5 cm	—	8 mm
7,5 cm*	7,5 cm	5 cm	6,25 cm	6 cm	—	6 mm

* Los pasteles de 7,5 cm solo tienen 7,5 cm de alto, por eso no se les da la vuelta.

Color

Uno de los aspectos más importantes en la decoración de un pastel es la gama de colores que elijas y vale la pena tomarse tiempo para hacerlo realmente bien. Elegir colores es algo muy personal y subjetivo, pero a todos nos atraen ciertos colores en particular. Una buena forma de comenzar es observar una paleta de colores, ya que te ayudará a darte cuenta de cuáles son aquellos que forman una buena combinación. Este capítulo te aportará ideas para colorear tu propia pasta y distintas formas de crear gamas de colores fascinantes.

Contenido del capítulo

Consejo

Las combinaciones de colores siguen la moda, así que mantente al corriente del estilo que se usa en la estación actual.

Corazón de parches

La temática de los parches en este pastel requiere un equilibrio justo del diseño y los colores. Estudia el capítulo sobre Trabajos para conocer las instrucciones paso a paso de este pastel, además de las listas de materiales y las instrucciones para realizar todos los pasteles y galletitas que aparecen en este capítulo.

Presentación del color

Resulta de mucha utilidad adquirir conocimientos básicos de la teoría del color y su aplicación a la hora de elegir y mezclar colores para utilizar en los pasteles. El tema del color es tan amplio como fascinante, y estas pautas simples te ayudarán a crear esquemas cromáticos muy interesantes para tus pasteles.

El círculo cromático

Este sistema es utilizado por los artistas. Los colores del espectro están dispuestos en un círculo, el cual refleja el orden natural de los colores. Un círculo cromático con una división de 12 colores comprende tres colores primarios (rojo, azul y amarillo, que no se obtienen por mezcla), tres colores secundarios (mezcla de dos primarios en partes iguales) y seis terciarios (que se forman combinando primarios y secundarios; por ejemplo, si mezclas naranja con amarillo obtendrás un color anaranjado o ámbar).

Aunque sea solo una vez, pintar un círculo cromático resulta de mucha utilidad, porque es un ejercicio revelador. Verás que si bien los colores primarios producen en teoría todos los otros colores, en realidad eso no es así; por ejemplo, se necesitan varios tipos de azul para obtener el verde y el violeta.

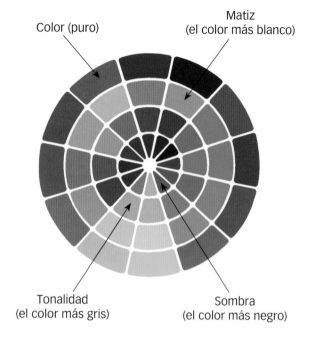

Color (puro)

Matiz (el color más blanco)

Tonalidad (el color más gris)

Sombra (el color más negro)

Elección de un esquema cromático

No existen combinaciones de color perfectas o imperfectas, pero los siguientes esquemas ya han sido probados y aprobados para tener un buen comienzo a la hora de experimentar.

★ **Monocromáticos:** Son matices, tonalidades y sombras de un color.

★ **Adyacentes:** Son dos, tres o cuatro colores que están uno al lado del otro en el círculo cromático. Esta combinación produce un efecto armónico ya que los colores están íntimamente relacionados.

★ **Complementarios:** Estos colores se encuentran en posiciones diametralmente opuestas en el círculo cromático. Estas combinaciones funcionan, ya que cada par de colores proporciona un equilibrio para los colores cálidos y los fríos; por ejemplo, el azul con el naranja, el amarillo con el violeta, y el rojo con el verde.

★ **Triádicos:** Este esquema utiliza tres colores que están en lugares equidistantes en el círculo cromático.

★ **Policromáticos:** Se trata del uso de varios colores combinados, esto funciona muy bien cuando se usan matices, porque son colores más suaves.

Cuando busques inspiración para elegir un esquema cromático, haz la prueba de observar a tu alrededor y ver qué colores te rodean, cuáles son los colores que se utilizan en el arte, en los objetos cotidianos, en las revistas, en las tarjetas y en el arte popular de otras culturas y otros países, como México o los países africanos, para conocer las combinaciones que te atraen. Otra idea es conseguir en las tiendas de decoración o de pintura las tarjetas con muestras de color.

Temperatura del color: colores fríos y cálidos

El naranja y el rojo son colores cálidos, mientras que el azul y el verde son fríos. Sin embargo, hay versiones más frías y más cálidas para cada color.

Por ejemplo, si mezclas rojo con mucho azul obtendrás un color más frío que un rojo anaranjado. También es interesante observar que un color cálido parece más intenso cuando está al lado de un color más frío que cuando está contrapuesto a otro color cálido o neutro.

Cálido

Frío

Colores complementarios

Matices monocromáticos

Colorantes comestibles

Existen muchos productos colorantes y comestibles en el mercado. El tipo de colorante que necesites dependerá del tipo de glaseado o cobertura y del efecto que quieras conseguir.

★ En pasta
Son colorantes concentrados en pasta para colorear todo tipo de coberturas. Se pueden diluir con alcohol transparente y utilizar como pintura.

★ Líquidos
Son menos concentrados y sirven para colorear la glasa real o para pintar. Al utilizar este tipo de colorantes, como no contienen glicerol, se impide que la glasa real se seque.

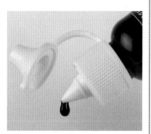

★ En polvo
También conocidos como polvo de pétalos o tintes de flores, estos colorantes en general se usan en seco y se espolvorean sobre la superficie de la glasa, aunque también se pueden mezclar con la cobertura para darle color o diluir con alcohol para usar como pintura.

★ Metalizados
Estos también son polvos comestibles, pero brillantes. Se pueden usar secos o diluidos. Van muy bien para trabajar con plantillas.

★ Polvos artesanales y brillantinas
Ten cuidado a la hora de comprar algunos polvos para manualidades, son más brillantes e intensos que los polvos de calidad alimentaria, porque en su momento fueron clasificados como colorantes comestibles, pero debido a modificaciones en las normativas internacionales de alimentación ya no lo son. Por este motivo, estos polvos deben utilizarse solo como exhibición y no para consumo. Y lo mismo pasa en el caso de las brillantinas. Lee siempre las etiquetas, si los productos son comestibles tendrán una fecha de vencimiento y una lista de ingredientes.

Colorear pasta de azúcar y pasta de modelar

La pasta de azúcar (fondant) y la pasta para modelar se consiguen en las tiendas en un sinfín de colores. Pero si no encuentras el color exacto que deseas, o si necesitas solo una pequeña cantidad, a veces es mejor colorear tu propia pasta o corregir el color de una pasta que hayas comprado.

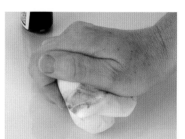

1 Según la cantidad de pasta que desees colorear y la intensidad de color que quieras conseguir, aplica un poquito de colorante comestible en pasta, no el colorante líquido, en la punta de un palillo o una cantidad mayor en el extremo de una espátula. Agrégalo a la pasta.

2 Amasa bien y agrega más colorante hasta lograr el resultado deseado. Ten cuidado con los colores muy claros, porque solo se necesita un poquito de colorante. En cambio, los colores intensos llevan mucho y se vuelven bastante pegajosos. Agrega una pizca de goma tragacanto para contrarrestar la textura y deja asentar una o dos horas; la goma le aportará firmeza a la pasta y será más fácil de trabajar. Nota: la pasta teñida se verá un poco más oscura cuando se seque.

Consejo

Es más fácil colorear una pequeña porción de pasta de un color un poco más oscuro que el deseado, e ir incorporándola de a poco a una cantidad mayor, que tratar de darle color a toda la pasta de una sola vez.

Variables en el color
Algunas variables pueden afectar los colores que mezcles:

- **Tiempo:** A menudo los colores oscurecen con el tiempo, así que de ser posible deja descansar la pasta unas pocas horas antes de utilizarla, de este modo no tendrás que agregar mucho colorante.
- **Ingredientes:** La mantequilla vegetal, la margarina y la mantequilla oscurecen los colores. Por el contrario, el jugo de limón los suaviza.
- **Luz:** Algunos colores, especialmente los rosados, los morados y los azules, se destiñen con la luz, por lo que te aconsejo que protejas la pasta y tus creaciones ya terminadas mientras trabajas.

Diseños marmolados

Con esta técnica, se puede lograr que la superficie de la pasta se parezca a los diseños que se ven en un mármol natural. Cada vez que prepares pasta marmolada, el efecto será distinto, aunque utilices los mismos colores. Emplea colores similares para un efecto sutil o colores que contrasten para algún diseño más llamativo.

Consejo

Prueba con pequeñas cantidades de pasta para ver cuáles son las combinaciones de colores de tu agrado antes de ponerte a trabajar con grandes cantidades de pasta.

1 Elegir dos o más colores (a menudo elijo seis colores distintos pero parecidos) y amasar para entibiar la pasta. Deshacer las pastas ya coloreadas en pedacitos y desparramar sobre la superficie de trabajo para mezclar los colores.

2 Juntar los pedacitos sueltos, formar una bola y amasar brevemente. Cortar una rodaja de la bola para estudiar el diseño marmolado que tiene adentro.

3 Colocar las dos mitades de la bola una al lado de la otra y extender la pasta entre espaciadores de 5 mm aplicando grasa vegetal para evitar que se peguen. El sentido con que extiendas la pasta afectará al efecto del diseño, por lo que es mejor cambiar la dirección en la que amases a medida que vayas desarrollando el diseño.

Alteración Si el diseño no queda como deseas, es posible deshacerlo mediante pellizcos con los dedos para modificarlo. Es importante hacer esto antes de que la pasta tenga un espesor de 5 mm. Una vez que el diseño ha sido modificado, continúa trabajando con el rodillo hasta que la pasta vuelva a tener un grosor homogéneo.

Bolsito con mariposa y botones
La pasta de azúcar marmolada genera un efecto muy bonito y sutil para la decoración de este pastel.

Repetición de diseños simples

Podemos hacer diseños con pasta muy interesantes enrollando formas de un color dentro de un fondo de distinto color. En el ejemplo que verás a continuación utilicé círculos para crear topos de pasta, pero también se puede probar con otras formas, como flores, lágrimas, estrellas, corazones, etcétera. En este caso opté por tonos rosados, pero puedes ser más audaz y aplicar varios colores sobre un color de fondo.

Topos y lunares

Este diseño en serie es muy sencillo de hacer si sigues las instrucciones que vienen a continuación.

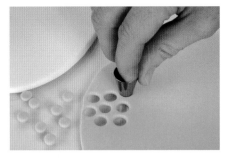

1 Estira la pasta que servirá de fondo hasta dejarla de un grosor apenas mayor a 5 mm. Desenrolla el color de contraste, afina su espesor y recorta formas con un cortapasta adecuado.

2 Coloca las formas de forma simétrica o aleatoria sobre la pasta de fondo extendida, teniendo en cuenta que el diseño aumentará un poco de tamaño, por lo que será mejor ubicar las formas más cerca de lo que habías pensado para el acabado de la pasta.

3 Estira la pasta de azúcar hasta lograr un espesor de 5 mm. La dirección con la que trabajes va a estirar tus formas recortadas, así que si quieres mantener las proporciones originales, extiende la pasta en varias direcciones. Se pueden crear formas interesantes, pero si extiendes la pasta en una sola dirección verás que, por ejemplo, puedes transformar un círculo en un óvalo, o un corazón redondo en uno más fino y delicado.

Usar pasta para modelar

Cuando utilices pasta para modelar, extiende la pasta hasta que tenga un espesor de 1,5 mm y agrega tus formas recortadas. Pero en vez de usar el rodillo, utiliza el pulidor para presionar con fuerza sobre la pasta. Esto sirve para fusionar las pastas sin alterar las formas. Si realmente quieres cambiar las formas, usa el rodillo como expliqué anteriormente.

Consejo

Utiliza un lienzo húmedo o una bolsa de plástico para evitar que se sequen tus coberturas.

Diseños de rayas
y cuadros

Utilizando una técnica de capas superpuestas, se pueden crear diseños llamativos sin mucho esfuerzo. Lo ideal es usar pasta para modelar porque es más fácil lograr que las líneas queden paralelas y que las rayas se vean bonitas y delgadas. No obstante, para hacer un diseño más gordito, es mejor usar pasta de azúcar.

A colgar los banderines

Se usaron rayas y cuadros para lograr un hermoso efecto en la guirnalda de banderines que adornan este minipastel.

Rayas

  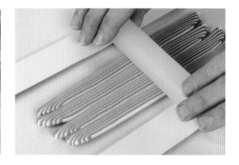

1 Extiende y amasa pasta de dos colores y déjalas muy finitas, cuanto más fina quede la pasta, más finas serán las rayas. Recorta rectángulos de tamaño similar y humedécelos para que queden pegajosos, luego forma una pila alternando los colores. Pasa el rodillo para fijar y afinar un poquito la pasta.

2 Apoya una regla a lo largo de la parte superior de la pila y con un cortante o cuchillo afilado recorta los bordes para que queden derechos. Repite el paso a intervalos de 3 mm para hacer las rayas. Colócalas debajo de un pedazo de plástico o de un lienzo húmedo para evitar que se resequen.

Cuadros

Consejo

Trabaja con delicadeza y pasa un paño para limpiar la superficie de trabajo, limpia tus utensilios y cortapastas cuando cambies de colorantes para que las pastas no se ensucien ni destiñan.

1 Sigue los pasos 1 y 2 de la explicación anterior para preparar capas de rayas de 3 mm. Luego corta las rayas en forma transversal para hacer tiras pequeñas de cuadraditos.

2 Con cuidado, levanta las tiras de pasta y colócalas una al lado de la otra para formar un diseño de cuadros (o de ajedrez), tienen que estar lo suficientemente húmedas para que se peguen o puedes pasarles algún elemento húmedo en los bordes. Extiende la pasta con el rodillo, trata de mantener el diseño de cuadros pasando el rodillo en ambas direcciones. Recorta formas de pasta según necesites.

Mil flores

El término mil flores, o *millefiori*, proviene de una técnica realizada en cristal que produce diseños decorativos increíbles. Esos diseños no son difíciles de realizar pero hay que tener paciencia. Es una técnica excelente para crear un diseño de piel animal, como en el caso del pastel corazón de parches al inicio de este capítulo.

Jarrito multifloral

En este trabajo, usé pasta para modelar para realizar los delicados pétalos que están sobre la galletita, pero también se puede usar pasta de azúcar.

1 Elige varios pedazos de pasta para modelar de distinto color. Amasa cada uno y haz rollos finitos de cada color. Según el diseño que quieras hacer, puedes usar un pulidor para aplanar los rollitos o una pistola de repostería con un disco redondo (ver capítulo de utensilios para usar esta herramienta).

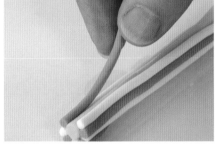

2 Elige un rollito para el centro de la flor y coloca otros de colores que contrasten a su alrededor. Aquí usé dos colores para que los pétalos destacaran. Para pegar los rollitos entre sí, aplica unas gotitas de alguna bebida alcohólica transparente o agua hervida fría.

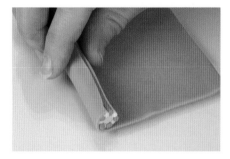

3 Coloca los rollitos en un rectángulo de pasta que sea del mismo color de los pétalos o si quieres usa otro color. Enrolla hasta que el rollito quede totalmente cubierto y quita el excedente de pasta.

4 Con un cuchillo afilado, divide los rollitos en partes iguales y forma pilas para lograr un rollito más corto.

5 Enrolla la pasta para comprimirla y para que las partes queden bien pegadas. Luego, con cuidado y con la ayuda de un cuchillo afilado, corta rebanaditas de 3 mm.

6 Coloca las rebanaditas una al lado de la otra entre dos espaciadores y pasa el rodillo para que la pasta tenga un grosor de 1,5 mm. Si esta técnica te resulta más fácil con pasta de azúcar, coloca el diseño sobre un fondo de pasta de azúcar antes de afinarlo con el rodillo, pues así la pasta queda más firme y es más fácil de trabajar.

Consejo

Elige los colores adecuados y coloca los rollitos alrededor del centro para hacer una huella de piel animal interesante.

Pintura

Me fascina pintar los pasteles: los colores de las pinturas parecen añadir otra
dimensión, ya que los diseños resultan más vivos, los dibujos más delicados y
los detalles pueden ser más complejos. La pasta de azúcar es un lienzo perfecto
para experimentar con la pintura, pero no te preocupes, como verás en este capítulo,
no necesitas ser un artista talentoso para crear efectos increíbles.

Contenido del capítulo

Pintar por inundación

Pintar fondos

- ★ Salpicado
- ★ Esponjeo

Aguadas de color

- ★ Aguada sobre una superficie con relieve

Pintar un dibujo usando estampadores

Rotuladores de tinta comestible

Impresión

- ★ Con colorantes en pasta
- ★ Con colorantes en polvo

Transferir una imagen

- ★ Con un punzón
- ★ Con un alfiler o rueda de calcar
- ★ Con rotuladores de tinta comestible

Pintar una imagen

Acabados iridiscentes

- ★ Polvo de brillo comestible
- ★ Baño de oro

Equipo y materiales

Para pintar sobre pasteles necesitarás una selección de pinceles de buena calidad de distintos tamaños y grosores, más una selección de colorantes comestibles. Los colorantes comestibles vienen en pasta, en polvo y de forma líquida. Los colorantes líquidos suelen ser demasiado húmedos para pintar, por lo que recomiendo usar los colorantes en pasta y polvo. Estos últimos requieren de la adición de un poco de agua hervida y enfriada o alcohol (por ejemplo, vodka o ginebra) para alcanzar la viscosidad que se necesita para pintar. Si deseas opacar o blanquear los colorantes, agrega polvo blanqueador comestible, como por ejemplo el superblanco. Es lo que yo suelo hacer, en especial cuando pinto dibujos.

Amapolas perfectas

Cuando hayas aprendido a pintar sobre la pasta de azúcar, todo será posible, como las delicadas amapolas que vemos en este pastel superalegre. Mira el capítulo sobre Trabajos para ver las instrucciones paso a paso de este pastel y las listas de materiales e instrucciones generales para todos los otros pasteles y galletas que encontrarás en este capítulo.

Pintar por inundación

Hace muchos años que uso esta técnica para decorar las bases de mis pasteles. Es una técnica muy efectiva e inusual, pero extremadamente simple también. Lo único que necesitas es un par de días para que se seque el diseño final.

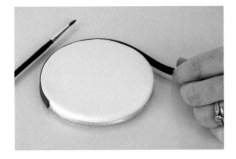

1 Cubre una base para pasteles con pasta de azúcar blanca. Para ayudar a retener el líquido, agrega un borde fino por encima o a los lados de la base usando tiras de pasta para modelar finamente enrolladas. Usa un pulidor para asegurarte de que las tiras estén al nivel y al ras del borde de la base. Estas no son estrictamente necesarias para una base redonda, dado que la tensión de la superficie se mantiene en su lugar, pero son esenciales para una base cuadrada.

2 Por separado, diluye levemente los colorantes comestibles en pasta que hayas elegido con agua hervida y enfriada o alcohol. Coge un pincel y haz trazos con cada color en bandas circulares sobre la base; deja algunas zonas en blanco.

Consejo

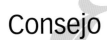

Prueba este efecto primero en una porción de pasta de azúcar sobrante: ¡te aseguro que no es tan drástico como suena!

Azules fríos

La técnica de pintar por inundación queda muy bonita en las bases de los pasteles, en especial cuando se usan colores oscuros para que contrasten con un pastel más claro.

3 Con cuidado, vierte alcohol o agua hervida y enfriada sobre la superficie parcialmente pintada y luego usa un pincel para procurar que el líquido cubra la base por completo. El líquido derretirá la superficie de la pasta, lo que hará que los colores se fundan: ten paciencia, esto tarda un cierto tiempo.

4 Cuando la pasta de azúcar haya adquirido el aspecto de un jarabe —esto puede tardar de 30 minutos a una hora o más, dependiendo de la temperatura y de la humedad que haya donde estés trabajando—, toma un palillo o un pincel fino y dibuja lo que quieras sobre el azúcar, transportando los colores de un área a la otra. Déjala inmóvil en una superficie nivelada hasta que se seque por completo.

Pintar fondos

En vez de dejar la superficie de pasta de azúcar lisa, ¿te animas a intensificar los colores o añadir texturas interesantes usando alguna de las técnicas que se describen a continuación?

Salpicado

El salpicado consiste en aplicar pequeños puntos de pintura que juntos producen un efecto de sombreado regular o levemente graduado. Necesitas un pincel con cerdas que sean firmes en su justa medida: si son demasiado blandas, no podrás lograr el efecto; si son demasiado duras, marcarás la pasta. El tamaño depende del área que vayas a pintar. En este ejemplo, he usado un pincel bastante firme, uno del N° 10; aunque te recomiendo que para las bases de los pasteles o para los pasteles mismos uses un pincel redondo, de unos 2,5 cm de ancho, ya que de esta forma podrás cubrir la superficie con mayor precisión.

Calcetín invernal

El salpicado es una de las maneras más sencillas para colorear.

1 Por separado, diluye los colorantes comestibles en pasta que hayas elegido con agua hervida y enfriada o alcohol. Aquí usé dos tonos de azul. Si has estampado la pasta como hice yo, pinta sobre el área estampada y permite que el color rellene la forma hendida. Si pintaras una zona amplia, trabaja por secciones, ya que la pintura no debe secarse todavía.

2 Toma un pincel seco para el salpicado y aplica breves pinceladas verticales sobre el área estampada y alrededor de esta para esparcir el color y crear un aspecto punteado. Continúa pintando las distintas secciones variando las tonalidades y la intensidad del color.

Superficie plana. Si estás pintando una superficie plana de pasta de azúcar, sumerge el pincel para el salpicado directamente en el colorante en pasta comestible diluido, quita el exceso de humedad del pincel y úsalo para salpicar la pasta de azúcar.

Consejo

También prueba de usar un papel de cocina enrollado o arrugado para crear un diseño texturado.

Este pequeño cerdito...

El sutil esfumado en esta galleta se logró con una esponja.

Esponjeo

Esta técnica es similar a la del salpicado pero se trabaja con una esponja para aplicar y quitar pintura. Las esponjas marinas naturales sirven para dar efectos más interesantes y con más textura, pero no dejes de experimentar también con esponjas sintéticas.

1 Por separado, diluye los colorantes en pasta con agua hervida y enfriada o alcohol. Aquí usé un color rosa melocotón mezclado con un poco de blanqueador para conseguir un color más opaco. Elige una esponja del tamaño adecuado, sumérgela en la pintura y aplícala sobre la pasta de azúcar con movimientos cortos y verticales.

2 Toma una esponja limpia y seca y quita secciones de pintura para lograr una apariencia más difusa. Prueba también emborronar la pintura haciendo pequeños trazos sobre la pasta con la esponja.

Aguadas de color

Se trata de una excelente forma de añadir variaciones sutiles de color a tus pasteles y galletas. Por lo general, la aguada de color se aplica con pinceles sobre un color sólido, usando pinceladas largas y barridas para difuminar y mezclar los distintos tonos.

1 Cubre la galleta, base o pastel con pasta de azúcar del color que combine mejor. Mezcla los colorantes de pintura comestible que hayas elegido y recuerda que puedes opacarlos con un blanqueador. Aplica el primer color con pinceladas barridas sobre una sección de la pasta de azúcar.

2 Sigue agregando otros colores, difuminándolos y mezclándolos a medida que avanzas. No intentes agregar una capa adicional de color sobre la primera capa hasta que se haya secado. De lo contrario, seguramente quitarás el color en lugar de añadirlo: la única excepción es si le has agregado blanqueador a tus colorantes en pasta comestibles.

Una manzana al día

En esta galletita he combinado distintos tonos de verde con pinceladas barridas sobre una base de pasta de azúcar verde. Apliqué el rojo con pinceladas barridas muy suaves y un pincel seco.

Aguadas sobre una superficie con relieve

Esta técnica es simple pero de gran efecto. Utilicé encaje para darle textura a mi pasta pero hay muchos estampadores que funcionan realmente bien para aplicar esta técnica (ver el capítulo sobre Estampado).

1 Estampa la superficie de la pasta de azúcar y úsala para cubrir tus cupcakes o galletas. Si usas esta técnica sobre un pastel o base, dale textura a la pasta de azúcar cuando esta se encuentre en su posición final. Diluye el color en pasta comestible que hayas elegido con alcohol y, con un pincel del tamaño adecuado, pinta la pasta de azúcar texturada. Asegúrate de cubrir todas las zonas deseadas. Deja que se seque por completo.

2 Una vez seca, toma una servilleta de papel, humedécela con alcohol transparente y quita la pintura de la superficie más externa de la pasta de azúcar para crear un efecto a dos tonos.

Tacones matadores

Cuanto más sofisticado sea el diseño de la estampa, más efectivo será el resultado final.

Consejo

No humedezcas demasiado la pasta de azúcar porque puedes derretir la superficie y distorsionar o echar a perder el diseño. Si ves que esto está por suceder, detente de inmediato y deja que la pasta se seque, luego comienza de cero.

Pintar un dibujo usando estampadores

Esta técnica es como pintar siguiendo los números: ¡el trabajo más difícil ya está hecho y solo te queda rellenar los espacios en blanco! Hay muchos estampadores disponibles, así que haz tu elección en función del tamaño que necesitas y opta por el diseño que más te guste.

De otro planeta

Los motivos de extraterrestres y de planetas encajan a la perfección en estos cupcakes, pero usar solo parte de un diseño también puede ser muy efectivo.

1 Estampa la pasta de azúcar con el diseño que has elegido. Por separado, diluye, con agua hervida y enfriada o con alcohol, los colorantes comestibles en pasta que hayas escogido y empieza a pintar las secciones del mismo color, variando la intensidad a tu gusto.

2 Agrega otros colores y más detalles a tu antojo. Para un mejor resultado, practica primero ya que quizás sea necesario dejar que ciertas zonas se sequen antes de poder aplicar colores adicionales.

Rotuladores de tinta comestible

Estos rotuladores se encuentran disponibles en un gran abanico de colores; incluso, algunos tienen puntas de distintos tamaños en los dos extremos. La punta más gruesa sirve para escribir o para rellenar las formas con colores, mientras que la punta más fina es ideal para añadir detalles o acentuar ciertos diseños. Estos rotuladores se usan como los rotuladores comunes y se obtienen mejores resultados cuando se usan en coberturas claras.

Dibujar sobre pasta de azúcar

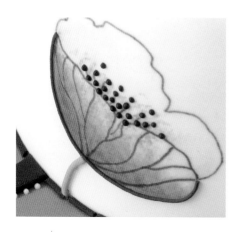

Consejo

Para asegurarte un buen flujo de tinta, guarda los rotuladores boca abajo para que la tinta llegue a la pluma. No obstante, guarda los rotuladores de dos extremos en posición horizontal.

Cubre tu pastel con pasta de azúcar y déjala secar. Cuanto más firme esté la superficie de la pasta de azúcar, más fácil será usar los rotuladores. Quítale la tapa al color que has elegido y escribe un mensaje o dibuja y colorea un diseño. En este ejemplo (sacado de un pastel que está al principio de este capítulo), dibujé una amapola y la pinté con una esponja.

Impresión

La impresión es el proceso de producir una imagen o forma por medio de una herramienta, como un sello. Los pasos que están a continuación muestran cómo realizar dos métodos distintos sobre una reblandecida pasta de azúcar. Para los sellos, usé el extremo de unas clavijas de madera y estampadores para pasta de azúcar.

Con colorantes en pasta

Mezcla los colorantes comestibles en pasta con agua hervida y enfriada o alcohol hasta alcanzar una consistencia bastante pesada. Sumerge el sello en un color y luego, sosteniéndolo a un ángulo recto con respecto a la superficie de la pasta de azúcar, bájalo lentamente y presiona para imprimir el color. Quizás te convenga practicar previamente para calcular la presión que debes ejercer y la cantidad de pintura que necesitas aplicar sobre el sello. Repítelo con otros colores para crear diseños interesantes.

Amanecer en el desierto

Estos cupcakes inspirados en el arte aborigen han sido creados estampando simples círculos con colorantes comestibles en pasta.

Con colorantes comestibles en polvo

Esta técnica sirve para crear imágenes lineales muy hermosas sobre la pasta de azúcar con estampadores. Prueba distintos tipos de estampadores, ya que es posible lograr detalles de lo más complejos.

1 Elige un sello y sumérgelo en polvo comestible seco. Quita el exceso de polvo y si queda polvo comestible atrapado en una pequeña sección del estampador, usa un pincel del tamaño correspondiente para sacarlo, de lo contrario, lo único que conseguirás es una mancha en la pieza final, en lugar de un contorno delicado.

2 Sosteniendo un sello a un ángulo recto con respecto a la superficie de la pasta de azúcar, presiónalo suavemente sobre la pasta. El polvo pasará de los bordes del estampador a la reblandecida pasta de azúcar y formará el contorno de un diseño bellamente coloreado.

3 Es probable que tengas que presionar suavemente alrededor del diseño estampado, en especial si utilizaste un estampador grande, con el dedo o con un pulidor para cerrar el espacio deseado. De esta forma, el diseño quedará más nítido.

Consejo

Prueba con distintos colores de polvos y pastas de azúcar para lograr diseños más bonitos.

Impresiones en patchwork

Usé miniestampadores con colores comestibles en polvo para imprimir estos diseños tan minuciosos sobre los cupcakes.

Transferir una imagen

No todos se animan a pintar a mano alzada directamente sobre un pastel. Por ende, la forma más sencilla de hacerlo es transferir el contorno de la imagen que deseas a la superficie de la pasta de azúcar. Hay una gran variedad de opciones para realizar esto, pero primero debes elegir qué es lo que quieres pintar y luego es probable que debas adaptar el tamaño de tu diseño o de las imágenes al pastel. De los tres métodos que veremos a continuación, los dos primeros funcionan sobre la pasta de azúcar seca y el tercero debe realizarse sobre la pasta de azúcar fresca.

Con un punzón

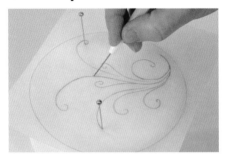

1 Delinea tu dibujo sobre papel vegetal y luego sujétalo sobre el pastel. Pasa el punzón sobre la totalidad de las líneas del dibujo con la presión suficiente como para marcar la superficie de la pasta de azúcar del pastel que está debajo del papel.

2 Con cuidado, quita el papel. El dibujo debería aparecer como un contorno difuso. Este método sirve para remarcar formas, pero no es fácil de usar cuando se trata de dibujos complejos o de detalles mínimos.

Con un alfiler o rueda de calcar

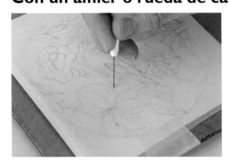

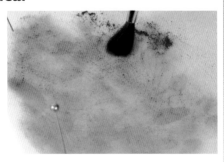

1 Pon papel vegetal sobre tu diseño y ubícalo sobre una tabla de corte o cartón corrugado. Sujétalo en su lugar y luego, con un alfiler o rueda de calcar, haz pequeños agujeros a través del papel sobre las líneas del dibujo. Cuantos más detalles tenga el dibujo, más agujeros deberás hacer y a menor distancia entre uno y otro.

2 Pon el papel vegetal sobre el pastel y, según el color de la cobertura, usa un pequeño pincel blando para que los colorantes comestibles en polvo pasen a través de los agujeros.

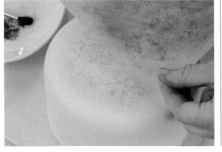

3 Quita el papel y descubrirás que el diseño está sobre el pastel. Puedes usar esta técnica con diseños bastante complejos y con muchos detalles.

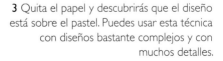

Con rotuladores de tinta comestible

1 Con cuidado, repasa el reverso del dibujo o de las imágenes que hayas elegido sobre papel vegetal utilizando un rotulador de tinta comestible. Ni bien hayas remarcado una línea, la tinta se dividirá y formará una serie de puntos, ¡esto es normal!

2 De inmediato, apoya el dibujo sobre la parte superior o los lados del pastel. Con un pulidor, raspa cuidadosamente la parte posterior del papel sobre la superficie del pastel para que el diseño se transfiera a este.

3 Quita el papel suavemente para descubrir el dibujo transferido. Este método funciona mejor cuando la cobertura del pastel sigue fresca, sin embargo, también es posible usar esta técnica sobre la superficie de la pasta de azúcar seca.

Pintar una imagen

Para lograr un mejor resultado, pinta tu dibujo por partes para que la pintura tenga tiempo de secarse: de esta manera evitarás que los colores se corran y podrás aplicar distintos colores adicionales, unos sobre otros.

1 Mezcla los colorantes comestibles en pasta con alcohol y selecciona los pinceles adecuados. Aplica aguadas o bloques de color, empezando por el fondo hasta los dibujos de más adelante, y deja que cada sección se seque por completo antes de agregar la siguiente. En este ejemplo, he pintado las ventanas antes que el cuerpo del autobús.

2 Con un pincel fino de buena calidad, agrega los detalles sobre todas las secciones previamente pintadas: esto es lo que hace que un dibujo cobre vida.

Consejo

Antes de pintar el objeto real, lo más inteligente es practicar sobre una pieza sobrante de pasta de azúcar y experimentar con distintos colores y técnicas.

Londres nos llama

Para pintar este dibujo, preparé un montaje de imágenes en el ordenador, adapté su tamaño para que encajase a la perfección con el pastel y usé el método del rotulador de tinta comestible para transferir la imagen.

Acabados iridiscentes

Añade brillo y opulencia a tus pasteles y galletas usando alguno de los siguientes métodos:

Polvo de brillo comestible

El brillo comestible o los polvos iridiscentes vienen en una amplia variedad de colores y se pueden mezclar y difuminar fácilmente. Se pueden aplicar de distintas maneras sobre la superficie de la pasta de azúcar, dependiendo del efecto que quieras lograr. Para un mejor resultado, antes de empezar, siempre colorea la pasta de azúcar con un color similar al polvo, ya que de esta manera intensificarás el color y evitarás que el acabado se vea desigual.

El toque de Midas

El polvo iridiscente brinda de inmediato un aspecto decadente a estos cupcakes con dibujos en espiral.

Método 1 Aplica el polvo sobre un pastel con la cobertura fresca, utilizando un pincel largo y suave para espolvorear y el polvo iridiscente comestible. De esta forma le darás un acabado lustroso a la pasta de azúcar. No funciona bien sobre la pasta de azúcar que ya se ha secado. Mira el Método 2.

Método 2 Embadurna con grasa vegetal blanca la pasta de azúcar seca y esparce el polvo sobre la grasa con un pincel largo y blando para espolvorear. De esta forma obtendrás un color intenso, que podrás barnizar (según la marca de polvo) hasta conseguir un brillo refulgente.

Método 3 Mezcla el polvo de brillo comestible con algún alcohol transparente hasta crear una pintura espesa y úsala para pintar los pasteles. Asimismo, puedes mezclar el polvo con una glasa real para conseguir aún más brillo.

Pan de oro

La lámina de pan de oro de 24 quilates logra un efecto sorprendente sobre los pasteles y las galletitas, ya que refleja la luz de una manera hermosa. Es un material muy delicado, así que tómate todo el tiempo que necesites.

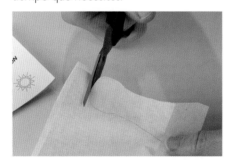

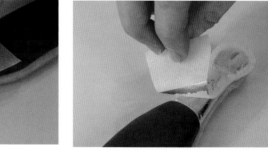

1 Dibuja la forma que has elegido en el reverso de la lámina de pan de oro. Con cuidado, recórtala con unas tijeras afiladas y evita tocar demasiado la hoja dorada.

2 Pinta la cobertura con una capa fina de pegamento de azúcar o glasa real, y cubre un poco más allá de la forma que has elegido. Permite que el pegamento, o la glasa, se vuelvan pegajosos. Si el pegamento sigue húmedo, el oro no se transferirá bien. Coloca la lámina con cuidado (no podrás moverla) y presiona suavemente.

3 Déjalo durante uno o dos minutos y luego quita lentamente el papel posterior con los dedos, o con unas pinzas, en un movimiento ascendente. Deja que se seque.

Plantilla

Usar una plantilla es una manera sumamente eficaz y rápida de añadir decoraciones impresionantes en pasteles y galletitas. Para mejores resultados, recomiendo usar plantillas culinarias cortadas con láser y de plástico apto para uso alimentario.
El diseño en plantilla que elijas dependerá del efecto que quieras lograr y el tamaño del objeto que vayas a decorar. En este capítulo encontrarás varias técnicas, tanto con polvos comestibles como con glasa real. También verás cómo hacer tus propias plantillas y otros posibles usos.

Contenido del capítulo

Plantillas culinarias

Con polvos comestibles

★ Polvos metalizados

★ Polvos mate

★ Polvos mate multicolores

Con glasa real

★ Sobre galletas

★ Sobre cupcakes

★ Sobre la superficie de bases y pasteles

★ Efectos multicolores

Adaptar una plantilla

Agregar decoraciones

Hacer tu propia plantilla

★ Con materiales disponibles

★ Con herramientas para especialistas

Otros usos de las plantillas

Sombrereras apiladas

Los hermosos y complejos diseños sobre estas cajas se crearon usando simplemente plantillas culinarias, glasa real y polvos comestibles. Ver el capítulo sobre Trabajos para las instrucciones paso a paso de este pastel y las listas de materiales e instrucciones para todos los pasteles y galletitas que veremos en este capítulo.

Plantillas culinarias

Hay una amplia variedad de plantillas culinarias disponibles, así que elegir un diseño puede ser algo complejo. Lo primero que debes tener en cuenta es la escala de lo que quieres decorar. Necesitarás un dibujo de plantilla de escala más pequeña para aplicar sobre una galleta o un cupcake que para emplearla sobre la base de un pastel. Sin embargo, usar parte de un diseño más grande sobre un cupcake o una galleta puede ser muy efectivo. Y también puede quedar muy bonito repetir un diseño pequeño alrededor del borde de una base para pastel.

Con polvos comestibles

Cuando uses polvos para aplicar las plantillas en tus pasteles y galletas, es muy importante que sean productos comestibles. Lee las letras pequeñas en los envases de los polvos para asegurarte de no estar usando unos que sean solo para decoración. Si son comestibles, incluirán una lista de ingredientes y una fecha de caducidad.

Remolinos de plata

Estas glamurosas galletas se hicieron con polvo iridiscente comestible, que brinda un aspecto muy moderno.

Polvos metalizados

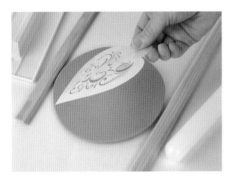

I Extiende la pasta de azúcar hasta alcanzar un grosor de 5 mm; lo ideal es que uses separadores. Pon la plantilla que hayas elegido sobre la superficie de la pasta de azúcar. Para garantizar esquinas limpias y rectas, pon un pulidor sobre la plantilla y presiónalo con firmeza para que la pasta de azúcar se eleve hasta la parte superior de la plantilla.

2 Luego, unta una capa fina de grasa vegetal blanca sobre la superficie del diseño de la pasta de azúcar, es decir sobre la pasta que ha sobresalido por encima de la plantilla. Para hacer esto, usa los dedos o un pincel apropiado.

3 Toma un pincel grande y suave para espolvorear, sumérgelo en el polvo de brillo comestible, retira el exceso y luego aplica el polvo sobre la plantilla. Añade la cantidad que necesites. Elimina con el pincel los excesos para evitar que caiga polvo cuando levantes la plantilla. Usa un pincel para barnizar el polvo y que adquiera aún más brillo..

4 Con cuidado, separa la plantilla de la pasta para descubrir el diseño. Usa las dos manos para hacer esto.

5 Recorta una forma con el mismo cortapastas que usaste para la galleta. Quita el exceso de pasta alrededor de la forma. Luego, con una espátula angular y un movimiento rápido para no alterar la forma, pon la espátula por debajo de la pasta de azúcar.

6 Levanta con suavidad la forma hecha con la pasta de azúcar decorada y ponla sobre la galleta que has cubierto previamente con gel para manga. Quita la espátula y, de ser necesario, presiona la pasta con un dedo limpio para que quede en contacto con la galleta en su totalidad. Hazlo las veces que sea necesario, y asegúrate de tener los dedos limpios si no quieres echar a perder el dibujo.

Consejo

Usa un pincel suave para lograr un acabado uniforme: si las cerdas son demasiado rígidas es probable que dejes marcas en la superficie.

Polvos mate

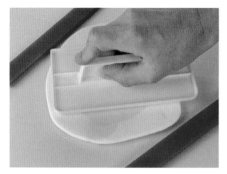

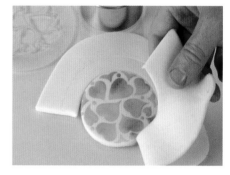

1 Extiende la pasta de azúcar hasta un grosor de 5 mm, lo ideal es que uses separadores. Pon tu plantilla sobre la superficie de la pasta de azúcar. Con un pulidor presiona la plantilla suavemente para evitar que se mueva.

2 Mezcla los colorantes comestibles en polvo para crear el tono que desees: yo usé rosa oscuro y blanco para lograr un rosa medio. Sumerge el pincel en el polvo, quita con un golpecito los excedentes y luego aplica el polvo sobre la plantilla. Modifica, a tu gusto, la intensidad del color añadiendo más o menos polvo para las distintas secciones del diseño. Elimina con un pincel los excesos de polvo que queden sobre la plantilla para evitar que, cuando la levantes, caigan sobre el dibujo y se eche a perder el trabajo.

3 Con cuidado, quita la plantilla para descubrir el diseño. Recorta un círculo de la pasta de azúcar decorada de forma que se adapte a la parte superior del cupcake y ponlo sobre este usando una espátula. De ser necesario, presiona la pasta con un dedo limpio para que quede en contacto por completo con el cupcake. Asegúrate de tener siempre las manos limpias para no echar a perder el diseño.

Corazones amorosos

Para este diseño delicado y romántico, se usaron polvos mate.

Polvos mate multicolores

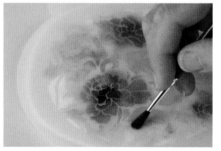

1 Extiende la pasta de azúcar como para aplicar un polvo mate. Mezcla distintos polvos para crear los colores que quieras. Sumerge un pincel blando en uno de los polvos, quita con un golpecito los excedentes y luego aplica el polvo sobre algunas secciones de la plantilla. Modifica la intensidad del color añadiendo más o menos polvo. Por ejemplo, pon polvo de color violeta oscuro en el centro y aplica un tono más claro en algunos de los pétalos y en los bordes de las hojas.

2 Toma un pincel limpio, sumérgelo en otro color y con cuidado aplícalo en nuevas secciones del diseño. Por ejemplo, aplica rosa claro en los pétalos externos de la flor. Agrega todos los colores que quieras a tu plantilla, pero usa siempre pinceles limpios cuando cambies de color y quita todos los excesos de polvo entre los colores para asegurarte de que no se mezclen.

3 Con cuidado, quita la plantilla para descubrir el dibujo. Colócalo sobre el cupcake como se describe en el paso 3 de los polvos mate.

Peonías perfectas

Este sorprendente cupcake presenta una amplia variedad tonal de polvos mate.

La glasa real

El secreto de usar glasa real (ver la sección sobre *Recetas de azúcar*) en las plantillas reside en lograr la consistencia adecuada en tu glaseado. Debes tratar de conseguir un glaseado lo suficientemente suave y rígido como para que no se filtre por debajo de la plantilla ni inunde el diseño hecho cuando saques la plantilla. Para lograr esa consistencia, añade azúcar glas para que quede más espeso o agua hervida y enfriada para que quede más líquido. Prueba en una pieza sobrante de pasta de azúcar antes de aplicar la plantilla directamente sobre el pastel o la base. Verás que algunos diseños de plantilla son más indulgentes que otros, pero por lo general cuanto más finos y detallados sean los dibujos, más rígido debe ser el glaseado para obtener un buen resultado.

Boda irregular

Los «pisos» de este pastel irregular se pueden decorar con una infinidad de colores y diseños, así que atrévete a experimentar y a crear cosas únicas.

En galletitas

I Extiende la pasta de azúcar hasta un grosor de 5 mm. Haz la forma con un cortapastas de galletas, pero deja pasta alrededor para apoyar la plantilla. Colócala sobre la superficie y usa una espátula angular para esparcir con cuidado el glaseado real sobre la sección. Hazlo desde el centro hacia fuera. No alces la espátula porque puedes levantar la plantilla y echar a perder el diseño.

2 Cuando hayas logrado un grosor uniforme del glaseado, retira la plantilla con mucho cuidado. El grosor de la glasa real es a gusto personal. Si es fina, se pueden crear efectos interesantes con dos tonos, donde el color de la pasta de azúcar se ve a través del glaseado. Si se aplica un glaseado más grueso, el diseño tendrá un efecto texturado más tridimensional.

4 Con un movimiento rápido para no alterar la forma, pon una espátula angular limpia por debajo de la pasta de azúcar y levántala para colocarla sobre la galleta. Repite estos pasos usando otros colores de pasta de azúcar y glasa real, y elige combinaciones de colores y distintas plantillas que funcionen como complementarios.

3 De ser necesario, corta la pasta decorada con una espátula angular para darle la forma que quieras. Para este ejemplo, corta el piso inferior del pastel irregular. Quita el excedente de pasta de azúcar de alrededor. Pinta la galleta con gel para manga para que actúe de pegamento.

Consejo

Para limpiar las plantillas, colócalas en un recipiente con agua para disolver la glasa real y luego sacúdelas hasta que se sequen.

En cupcakes

1 Estira la pasta de azúcar hasta alcanzar un grosor de 5 mm. Corta un círculo que coincida con la parte superior de tu cupcake y deja suficiente pasta alrededor para que la plantilla quede bien apoyada. Pon tu plantilla sobre la superficie de la pasta de azúcar y usa una espátula angular para esparcir la glasa real sobre la sección correspondiente. Hazlo en una o dos pinceladas desde el centro hacia fuera. No alces la espátula porque puedes levantar la plantilla y echar a perder el diseño.

Consejo

Si usas glasa real blanca, añade una pizca de polvo súper blanco para darle un acabado opaco en lugar de translúcido.

2 Cuando hayas logrado un grosor uniforme del glaseado, retira la plantilla y quita el excedente de pasta de azúcar.

Té en el Ritz

Puedes crear cupcakes con mucho estilo usando glasa real blanca sobre un fondo de color. Exhíbelos en cápsulas metálicas para cupcakes.

3 Con un movimiento rápido de barrido, pon una espátula angular por debajo del círculo de pasta de azúcar, levántala y ponla sobre el cupcake. Deja pasar unos minutos para que la glasa real se seque, y evita la tentación de tocarla.

4 El círculo de pasta de azúcar debería estar más o menos ubicado en su lugar; presiona suavemente los bordes del círculo para que queden pegaditos al cupcake. Haz esto cuando la glasa real esté bien seca para evitar que el diseño se arruine o se emborrone.

En los pasteles y en sus bases

Se aplican los mismos principios tanto para cubrir los pasteles como para sus bases. Elige una plantilla adecuada y sigue estos pasos. Para la base usa una plantilla que la sobrepase ligeramente. Deberás arreglar los bordes del dibujo, pero puedes hacerlo fácilmente con un pincel húmedo.

I Colorea la glasa real para complementar tu esquema de colores usando colorantes comestibles en pasta o líquidos. Pon la plantilla que hayas elegido en el centro, sobre el pastel o la base recubierta, y luego pon la glasa en el centro de la plantilla para que el peso evite que esta se mueva.

2 Con una espátula angular, empieza a esparcir poco a poco el glaseado desde el centro, con pinceladas radiales, hasta el borde de la plantilla. Quita el excedente de glasa que quede en tu espátula al finalizar cada una de las pinceladas.

3 Una vez que se haya recubierto la plantilla con la espátula, retira el exceso de pasta glasa hasta conseguir una capa fina. Cuando estés satisfecho del resultado obtenido, retira cuidadosamente la plantilla.

Consejo

Se puede corregir un error en un dibujo de plantilla con glasa real con un pincel húmedo cuando la glasa todavía está fresca.

Hermosa de rosa

Este pastel de peonías viste un decorado muy sutil con un glaseado real levemente más oscuro que la pasta de azúcar, pero puedes elegir un color que contraste más para conseguir un efecto más dramático.

En los laterales de los pasteles

Aplicar una plantilla en la superficie lateral de un pastel puede ser un verdadero desafío. Existen dos métodos: el primero es agregar el diseño en plantilla directamente sobre el costado del pastel usando una glasa real y el segundo consiste en aplicar una plantilla sobre una tira de pasta para modelar con polvos comestibles o glasa real y luego añadirla sobre el lateral del pastel. El método que elijas dependerá del resultado que quieras conseguir y del dibujo de la plantilla. Rodea el pastel con la plantilla y si ves que hay partes del dibujo que sobresalen del lateral del pastel, quizá sea mejor opción aplicar la plantilla sobre una tira de pasta para modelar. Una vez lista, puedes transferir la tira a los laterales del pastel con la ayuda de un par de manos extra: este fue el método que usamos para el piso del medio en las Sombrereras apiladas que vimos al principio del capítulo. Los siguientes pasos muestran la aplicación directa de la plantilla sobre los laterales del pastel.

Consejo

Practica esta técnica sobre un falso pastel o la caja de un pastel antes de intentarlo sobre el pastel real.

1 Por separado, colorea pequeñas porciones de glasa real, usando el polvo súper blanco para aclarar los colores, cuando sea necesario, y colorantes comestibles en pasta o gel. Extiende la plantilla sobre la pasta de azúcar extendida y luego añade toques de distintos colores en diferentes secciones de la plantilla. Lo ideal es que uses una espátula diferente por color para hacerlo más rápido.

2 Toma una espátula angulada y cárgala con glasa real y luego, desde el extremo de la plantilla asegurado con alfileres, comienza a esparcir con cuidado la glasa a lo largo. Agrega más glasa cuando sea necesario y controla que hayas cubierto el diseño por completo. Procura que la glasa tenga un grosor uniforme y quita cualquier excedente con pinceladas suaves.

3 Cuando te sientas satisfecho con el acabado, quita con mucho cuidado los alfileres y el kit para revelar el diseño. Si deseas añadir otra sección con un diseño en plantilla, deja que la glasa real se seque antes de repetir el proceso.

Lado a lado

Para decorar los distintos pisos del pastel de las Sombrereras apiladas, necesitarás usar las plantillas que hayas elegido varias veces y deberás adaptarlos a las técnicas que hemos descrito en este capítulo.

Efectos multicolores

Puedes crear efectos multicolores de lo más asombrosos usando distintos colores de glasa real sobre una plantilla. Simplemente, los colores se funden de tal manera que cada vez que repites el proceso se obtienen diferentes resultados: ideal para un conjunto de cupcakes o galletas, ya que todos serán parecidos y únicos al mismo tiempo.

Jóvenes geishas

En este diseño inspirado en la cultura japonesa hemos aplicado una glasa con distintos tonos de rosa sobre la plantilla, desde uno muy pálido hasta uno bien fuerte.

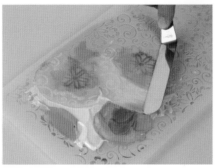

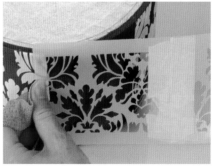

1 Por separado, colorea pequeñas porciones de glasa real, usando el polvo súper blanco para aclarar los colores, cuando sea necesario, y colorantes comestibles en pasta o gel. Extiende la plantilla sobre la pasta de azúcar extendida y luego añade toques de distintos colores en diferentes secciones de la plantilla. Lo ideal es que uses una espátula diferente por color para hacerlo más rápido.

2 Toma una espátula limpia y, con pinceladas cuidadosas, extiende y mezcla los colores de la glasa real. El modo en que lo hagas determinará la distribución de los colores sobre la plantilla, por lo que piensa bien el efecto que quieres conseguir antes de empezar a esparcir la glasa.

3 Cuando estés satisfecho con el efecto y la glasa tenga un grosor uniforme, retira con mucho cuidado la plantilla. Si quieres decorar un grupo entero de cupcakes, por ejemplo, mira de preparar una cantidad suficiente de glasa real por color: es posible volver a usar el exceso de glasa que quitas de cada plantilla, pero no es tan sencillo conseguir los mismos colores.

Adaptar plantillas

Es muy probable que descubras que el diseño de la plantilla que has elegido no coincide con el tamaño o la forma de tu pastel. De ser así, deberás adaptarla repitiendo el mismo patrón o usando técnicas de enmascaramiento, que podrás aplicar por separado o en forma conjunta, según lo que necesites.

Consejo

Limpia, seca y guarda tus plantillas con mucho cuidado para mantenerlas en perfectas condiciones.

Repetir el diseño Este método es muy útil cuando debes trabajar sobre los laterales de un pastel porque la mayoría de las plantillas horizontales fueron diseñadas de tal manera que toda unión en el diseño parece encajar. El secreto es dejar que el primer diseño se seque y lavar y secar la plantilla antes de aplicar la repetición. Cuando todo esté preparado, pon la plantilla de tal forma que el diseño parezca ininterrumpido y aplica la glasa real como hemos visto previamente.

Enmascarar Esta técnica puede ser necesaria para asegurarte de que, al repetir el diseño, este encaje a la perfección, cuando estés aplicando la plantilla en los costados de un pastel. También es esencial para cuando quieres usar solo una parte del diseño. Para enmascarar una plantilla, simplemente cubre con cinta de enmascarar las áreas del diseño alrededor de la sección que deseas usar. Esto te permitirá esparcir el glaseado sin aplicar accidentalmente la plantilla más allá de lo que te interesa.

Añadir adornos

Puedes embellecer aún más los diseños hechos con plantilla para crear piezas de azúcar realmente impresionantes. Aquí veremos algunas ideas simples para que te pongas manos a la obra.

Margaritas de diseño
Puedes embellecer estas galletitas hasta el infinito. Aquí se utilizaron recortes y volutas hechos con plantilla.

Glaseado con manga Puedes agregar, con una manga, algunos puntos de glasa real del mismo tono o de un tono que contraste (ver el capítulo de Decoración con manga). Se pueden agregar alrededor o encima del diseño hecho con plantilla para generar más efecto. Haz la prueba en una pieza de pasta de azúcar extra para ver cómo puedes cambiar la apariencia y el impacto general del diseño con las aplicaciones de los puntos.

Recortes Agregar más colores y texturas a un diseño hecho con plantilla usando recortes es de mucho efecto. Elije los colores con cuidado y piensa en la escala: la idea es crear la ilusión de que el diseño y los recortes son uno. Atrévete a experimentar: los recortes se pueden sacar con facilidad si no funcionan (ver el capítulo sobre Cortapastas).

Moldes Usar adornos hechos con moldes (ver el capítulo sobre Moldes) es una manera eficaz y rápida de añadir más color y detalles a los diseños hechos con plantilla. Prueba las formas y las flores que vienen en moldes para descubrir qué funciona mejor con tu diseño.

Haz tu propia plantilla

Si no puedes encontrar una plantilla que te guste o si quieres personalizar un pastel, quizás la solución sea crear tu propia plantilla. Puedes usar materiales disponibles o usar herramientas especiales para plantillas.

Pisos de alegría
No te limites a las plantillas que se venden en los comercios cuando puedes hacer las tuyas.

Usar materiales disponibles

Necesitarás algún material para realizar la plantilla y algo con que cortarla. En este ejemplo se usó cartón, un cúter y un punzón, pero intenta con cualquier otro material que tengas a mano.

Cúter Dibuja o transfiere el diseño: aquí dibujé el cartón con un lápiz, pero puedes calcar cualquier imagen o logo. Pon el cartón sobre una tabla de corte, o cualquier otra superficie apropiada, y usa un cúter para recortar las distintas secciones del diseño.

Perforadora de papel Las perforadoras comunes sirven muy bien si quieres un diseño cerca del borde de la plantilla, pero fíjate que no todas pueden perforar cartón, por lo que necesitarás usar algún otro material como papel de horno.

Herramientas especiales

Necesitarás una hoja plástica de plantilla y un punzón eléctrico que sirve para perforar la hoja para crear la plantilla.

1 Pon tu diseño debajo de la hoja plástica de plantilla y sostenlo con cinta adhesiva. Calienta el punzón eléctrico; puede tardar unos cinco minutos. La punta de la herramienta alcanza temperaturas muy altas, así que estate atento para evitar cualquier quemadura accidental. Siempre lee y sigue las instrucciones de fábrica con mucho cuidado.

2 Sostén la herramienta con la mano para que la pluma quede vertical y tu mano descanse sobre la superficie de trabajo, como si estuvieras escribiendo. Sigue tu diseño de manera rápida y precisa, y haz la presión suficiente como para sentir la superficie por debajo de la punta (el corte se hace con calor, no con presión). Trata de no detenerte en ningún lugar porque el calor continuo puede dañar la plantilla.

3 Como con cualquier otra técnica, progresarás con la práctica, de modo que prueba primero la herramienta en diseños pequeños antes de embarcarte en un proyecto mayor. Cuando te sientas satisfecho con tu diseño, usa la plantilla como hemos visto en este capítulo.

¡Delilogo!

El logo de Lindy's Cake que vemos en este cupcake se hizo con una hoja plástica de plantilla y la herramienta de calor.

Otros usos de la plantilla

Las plantillas también se pueden usar para estampar pasta de azúcar. Esto resulta muy útil cuando, por ejemplo, quiero agregar un dibujo sutil a un área muy grande como la base de un pastel, donde la pasta se estampa in situ, pero también funcionan bien en áreas más pequeñas, como las galletas y los cupcakes.

Chancletas divertidas

El estampado de estas galletas se hizo con una plantilla, para dejar un dibujo original en relieve en las suelas.

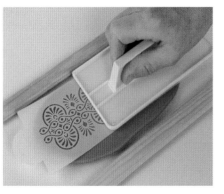

1 Estira la pasta de azúcar hasta alcanzar un grosor de 5 mm, lo ideal es que uses separadores. Pon tu plantilla sobre la superficie de la pasta de azúcar. Con un pulidor, presiona la plantilla suavemente para que la pasta de azúcar se eleve hasta sobresalir de la superficie de este. Repite el procedimiento en el resto del diseño.

2 Quita la plantilla con cuidado y, de ser necesario, ponlo nuevamente y repite los pasos antes de recortar las formas con los cortapastas que hayas elegido.

Cortapastas

Usar cortapastas para crear formas es una manera fácil y efectiva de decorar
tus pasteles y galletas. Sé creativo: repite formas, superponlas, junta secciones para dar
origen a nuevas formas o incrusta una forma dentro de otra. Intenta ir más allá de lo
que ves. Cuando estés usando un cortapastas de pétalos piensa: ¿realmente solo sirve
para hacer pétalos? ¿Qué diseños puedes crear usando una sola forma? ¿Qué pasa si
combinas una forma asimétrica con su imagen en espejo? Presta atención no solo al
diseño de las formas que crees sino también a los espacios que hay entre esas formas.

Contenido del capítulo

Todo sobre cortapastas

   ★ Cortapastas plásticos

   ★ Cortapastas metálicos

Crear formas recortadas

   ★ Cortar formas simples

   ★ Cortar formas complejas

Capas

   ★ Con un solo cortapastas

   ★ Con varios cortapastas

Ensambladuras

Incrustaciones

Mosaicos

Consejo

La inspiración te rodea: presta
atención a los diseños de las tarjetas,
los papeles de regalo, las telas de
las cortinas, la ropa, los edificios,
las verjas de hierro, los vitrales…
¡Inspírate y no te limites a copiar!

El poder de las flores

*Se usaron varios cortapastas distintos para crear las flores y las
bandas en este diseño audaz y soberbio. ¡Atrévete a crear sin
límites! Mira el capítulo sobre Trabajos para obtener las instrucciones
paso a paso de este pastel, más los materiales y las instrucciones
para todo el resto de los pasteles que aparecen en este capítulo.*

Todo sobre cortapastas

Existe una amplia gama de cortapastas especiales para el arte del azúcar:
podrás elegirlos según tus gustos y las formas que intentes crear.

Cortapastas plásticos

Por lo general, estos cortapastas se fabrican a gran
escala, de modo que están disponibles en las formas y
los tamaños básicos que la mayoría de los decoradores
de pasteles necesitan, como por ejemplo, corazones
y diseños florales. Tienen la ventaja de que no se
deforman con el uso, pero hay que tener cuidado
de guardarlos bien, ya que otras herramientas y
cortapastas pueden dañar sus bordes. La calidad de
los bordes de corte varía y por lo general no son tan
afilados como los de metal.

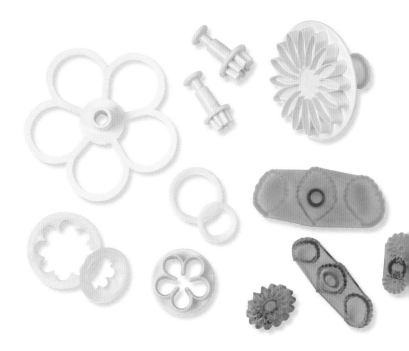

Cortapastas metálicos

Existe una gran variedad de diseños de cortapastas
metálicos disponibles en el mercado. La calidad varía,
así que compra los mejores que puedas permitirte.
Los cortapastas más económicos suelen ser de hojalata,
lo que significa que hay que mantenerlos secos para
evitar que se oxiden. Ni se te ocurra dejarlos secar al
aire después de lavarlos: sécalos bien con un trapo o
ponlos dentro de un horno a temperatura media para
eliminar la humedad. Por el contrario, los cortapastas
de acero inoxidable requieren de menos cuidados ya
que se pueden lavar en un lavavajillas, pero son más
caros. Los cortapastas metálicos vienen en una amplia
variedad de grosores; los más delgados tienen bordes
más afilados pero se deforman con mayor rapidez,
mientras que los más gruesos son más fuertes y
tienden a no cortar tan bien.

Crear formas recortadas

Es muy sencillo hacer formas recortadas, simplemente usa una pasta de modelar delgada y una selección de cortapastas. Por lo general, recomiendo que la pasta tenga aproximadamente 1,5 mm de espesor y que uses separadores para lograr un grosor uniforme. Sin embargo, algunas veces se requiere de una pasta más fina y otras veces es más apropiado que queden más gruesas. Estos pasos te mostrarán cómo usar una selección de cortapastas distintos.

El amor es…

… ¡formas sencillas recortadas sobre un delicioso cupcake!

Cortar formas simples

1 Extiende tu pasta para modelar entre separadores estrechos, idealmente sobre una tabla de trabajo antiadherente. Presiona el cortapastas que has elegido sobre la pasta. Mueve levemente el cortapastas para procurar atravesar la pasta: esto es esencial cuando usamos cortapastas de plástico.

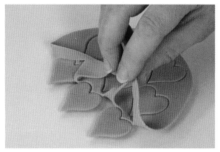

2 Quita el excedente de pasta y deja que la forma se reafirme durante unos minutos: esto ayuda a evitar que se distorsione. Levanta la forma de la tabla deslizando una espátula por debajo de esta. Si los bordes de la forma se fueron reduciendo gradualmente, como ocurre con algunos cortapastas, presiónala por debajo con el dedo antes de agregarla al pastel usando pegamento de azúcar.

Cortapastas con expulsor Estos son muy buenos para recortar formas limpias. Presiona el cortapastas contra la pasta para modelar extendida, mueve el cortapastas rapidito de lado a lado. Levanta el cortapastas (la pasta debería alzarse junto con él), repásalo con el dedo para quitar cualquier pedacito de pasta y luego presiona el expulsor para liberar la forma.

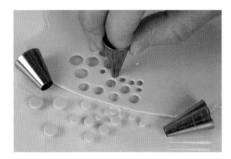

Boquillas Pueden funcionar como excelentes cortapastas pequeños: las redondas y lisas son muy útiles. Ponte la boquilla que seleccionaste en el dedo y úsala como cortapastas, presionándola sobre la pasta para modelar fresca. Si la pasta se levanta con la boquilla, usa un pincel suave para sacarla de allí.

Cortar formas complejas

1 Para hacer cortes precisos, en lugar de presionar el cortapastas contra la pasta para modelar, coloca la pasta sobre el cortapastas y haz rodar un rodillo.

2 Repasa los bordes del cortapastas con los dedos, luego ponlos boca abajo y presiona con cuidado la pasta usando un pincel blando.

Capas

Construyo la mayoría de mis diseños de pasteles con capas: pueden parecer complicados a primera vista pero, si separas los elementos, verás que han sido creados a partir de formas simples puestas unas encima de las otras.

Rosa Rajasthan

Hay dos recortes de flores distintos que están dispuestos en capas sobre este minipastel, con una tercera forma estampada en la pasta.

Con un solo cortapastas

1 Para crear capas con la misma forma, una un poco más grande que la otra, sin tener dos cortapastas distintos, extiende dos colores distintos de pasta para modelar entre separadores delgados y recorta las formas usando el mismo cortapastas. Pon un pulidor sobre las formas de un color y presiona la pasta para agrandarlas por fracciones.

2 Aplica pegamento de azúcar sobre las formas agrandadas y luego, usando una espátula o un pincel, levanta las formas del segundo color y ubícalas con cuidado sobre la primera para que se vea parte del borde de la forma más grande. Ponlas en su lugar en el pastel.

Con varios cortapastas

Recorta formas de la pasta para modelar de distintos tamaños y colores, siguiendo las instrucciones de la página anterior. Dispón las formas en capas, unas encimas de otras, y usa pegamento de azúcar o agua para fijarlas. El minipastel presenta tres capas; mientras que el pastel El poder de las flores lleva cinco capas, como ya vimos al principio de este capítulo. Haz varias pruebas para descubrir tus formas, tamaños y colores.

Consejo

Amasa la pasta de modelar para darle un poco de calor antes de estirarla. Si la pasta está un poco dura o demasiado grumosa, agrega un poco de grasa vegetal blanca y/o agua hervida y enfriada para ablandarla: debe estar firme pero con algo de elasticidad.

Ensambladuras

Ensamblar formas simples puede ser un buen modo de crear diseños alucinantes. En su forma más simple, esta técnica consiste en poner una forma al lado de la otra para que sus bordes queden adyacentes. Sin embargo, las formas no siempre encajan a la perfección, por lo que hay que hacerlas ensamblar recortándolas con un cortapastas. Esto requiere de cierto tiempo y paciencia, en especial si deseas hacer diseños complejos, pero persevera ya que los resultados son fabulosos. Los pasos que están a continuación te mostrarán cómo crear filas de formas ensambladas usando un cortapastas circular, pero puedes usar esta técnica con la cantidad de cortapastas que quieras y ensamblar solo dos formas o cubrir un pastel entero.

Consejo

Para usar esta técnica en cupcakes, crea el dibujo sobre pasta de azúcar fresca y extendida y corta círculos que se adapten a tus cupcakes.

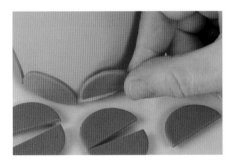

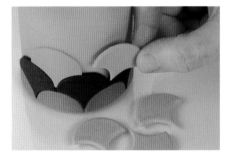

1 Extiende pasta para modelar entre espaciadores estrechos para procurar un grosor uniforme. Corta algunos círculos, luego córtalos por la diagonal y ponlos alrededor del borde inferior del pastel para que los lados rectos queden contra la base y los círculos apenas se toquen unos con otros.

2 Luego, extiende otra pasta para modelar de color para que tenga el mismo grosor que la primera y recorta una fila de círculos que apenas se toquen unos con otros. Con el mismo cortapastas, recorta la siguiente fila como ves en la foto. Agrega las formas resultantes a tu pastel para crear la segunda fila.

3 Repite este proceso con una pasta para modelar de otro color y recrea las filas de círculos antes de cortar las formas que necesitas para asegurarte de que encajen a la perfección con la fila anterior. Repite los pasos y haz todas las filas que sean necesarias.

Expreso del Oriente

No necesitas muchos cortapastas alucinantes para crear diseños sorprendentes: hice este diseño con un solo cortapastas de círculos y le agregué algunas flores en capas hechas con simples cortapastas de pétalos.

Incrustaciones

Esta técnica consiste en usar cortapastas para insertar una forma dentro de otra a fin de crear un diseño. Los diseños pequeños, como el que vemos aquí, se pueden crear primero en la tabla de trabajo antes de ser transferidos al pastel. Para diseños más grandes es más prudente crearlos directamente sobre el pastel, procurar que la superficie glaseada esté lo más firme posible y aplicar pegamento de azúcar solo en las secciones que no se van a mover o reemplazar.

Consejo

Recuerda que las boquillas funcionan como excelentes cortapastas de círculos pequeños.

1 Por separado, extiende los colores de pasta para modelar entre separadores delgados y cúbrelos con plástico u otro material que los mantenga frescos y evite que se sequen. Con un cortapastas de círculos más grande, corta un círculo en alguna de las pastas estiradas. Deja el círculo donde lo cortaste —esto ayuda a que no se deforme— y quita el excedente de pasta.

2 Toma un cortapastas de círculos un poco más pequeño y extrae un círculo del centro del círculo más grande. El punzón es una herramienta excelente para quitar los círculos recortados que no se van a usar.

3 Reemplaza este círculo por uno de un color diferente y únelos frotándolos con el dedo para que no haya espacios vacíos entre ellos. Continúa de la misma manera, extrayendo y reemplazando círculos de distintos colores.

4 Haz varios círculos concéntricos de distintos tamaños y colores. Alza con mucho cuidado los círculos terminados de tu tabla de trabajo con una espátula y añádelos al pastel usando pegamento de azúcar. Si quieres que los círculos encajen unos con otros como vemos en este cupcake, recorta las secciones que sean necesarias antes de transferirlos al pastel.

Círculos decrecientes

Para crear este asombroso diseño geométrico se incrustaron círculos de pasta para modelar.

Mosaicos

La creación de mosaicos en azúcar funciona de maravillas, lo único que necesitas es un poco de tiempo entre paso y paso. Crea tu propio diseño usando cortapastas de distintos tamaños y formas, cortando en varias piezas las formas más grandes para generar más y más azulejos. En busca de inspiración, échale un vistazo a la obra del arquitecto Antoni Gaudí: un verdadero maestro de los mosaicos. Los pasos que veremos aquí explican la creación de una flor multicolor sobre un fondo azul y verde, pero la técnica es similar sea cual sea el diseño que elijas.

Maravilla en mosaicos
Usa pasta para modelar para crear tu propio diseño, luego «encola» los azulejos con pasta de azúcar reblandecida.

1 Amasa una selección de distintos colores de pasta para modelar. Extiende las pastas entre separadores delgados para que los mosaicos tengan todos el mismo grosor. Corta los pétalos del color que quieras y ubícalos en el pastel o base ya recubierta.

2 Para crear los azulejos del fondo, extiende un poco de pasta de uno o más colores. Luego, con los cortapastas que usaste para crear el diseño, recrea una pequeña sección del diseño con el color de fondo. Extrae las formas recortadas y, con un cúter o ruedecita de cortar, corta las formas restantes para crear mosaicos que encajen en los espacios de fondo.

3 Levanta y separa algunos de los azulejos recortados usando una espátula y después, con un pincel húmedo, colócalos en la posición correspondiente sobre tu pastel o base. Asegúrate de dejar un pequeño espacio vacío entre los azulejos. Una vez colocados, recórtalos hasta que tengan el tamaño que desees, si es necesario. Déjalos secar bien.

4 Cuando estén secos, toma un color de pasta de azúcar que contraste –usé blanco– y pon un poco sobre tu tabla de trabajo. Añade agua hervida y enfriada y mezcla con una espátula. Agrega más pasta de azúcar y más agua hasta que la pasta tenga una consistencia flexible y expandible.

5 Trabajando por partes, esparce la pasta de azúcar reblandecida sobre los azulejos secos para que la pasta rellene todos los espacios vacíos que hay entre ellos. Retira todo el exceso de pasta que puedas con la espátula.

6 Con una toallita de papel húmeda, quita con cuidado el excedente de pasta de la superficie de los azulejos y deja que se seque. Repite hasta completar todas las secciones.

Flores

Las flores son, quizás, la opción más popular para decorar pasteles.
Hay muchos libros sobre el arte de hacer flores de azúcar, pero aquí solo
puedo apenas mencionar el tema. La representación más simple de una flor
es una forma recortada (ver el capítulo sobre Cortapastas). Otras maneras
más interesantes de representarlas son crear el efecto de flores de tela,
utilizando pasta o intentar hacer flores lo más reales posible.

Contenido del capítulo

Flores de tela

- ★ Rosa
- ★ Flor del cerezo
- ★ Dalias

Flor ahuecada simple

Flores reales

- ★ Amapolas
- ★ Peonías

Consejo

Que elijas añadir flores simples
recortadas o flores naturales
de tamaño real dependerá del
aspecto que quieras lograr y el
tiempo del que dispongas.

Fucsia fashion

*Rosas, dalias y flores de cerezo tridimensionales y de tela
decoran este precioso pastel bolso que haría suspirar a
toda mujer amante de la moda. Mira el capítulo sobre
Trabajos para obtener las instrucciones paso a paso de
este pastel, más los materiales y las instrucciones para
todos los pasteles que aparecen en este capítulo.*

Flores de tela

En las manualidades, las ideas suelen ser intercambiables o adaptables y este es el caso con las flores de tela. Aquí hay tres ejemplos que suelen hacerse con telas o cuero, pero que causan mucho efecto cuando se hacen con azúcar y se aplican sobre los pasteles. Todo lo que necesitas para hacerlas es algo de pasta para modelar finamente estirada. Puedes darle a la pasta una textura símil tela con un rodillo o algo parecido para que parezca más auténtico todavía.

Rosas delicadas

Unas rosas que parecen de tela hechas con colores cálidos imponen el tono en este romántico cupcake.

Rosa

1 Estira la pasta para que quede bien finita. Asegúrate de que la pasta esté firme pero flexible: agrega un poco de grasa vegetal blanca y/o agua hervida y enfriada si está un tanto seca o sin flexibilidad. Dobla una sección de la pasta y recorta el pliegue con un ancho de 1,5 cm para una rosa pequeña y de 7 cm para una rosa más grande, o una medida intermedia.

2 Empezando por alguno de los extremos de la pasta plegada, enrolla la pasta y forma una espiral.

3 Presiona los extremos recortados a medida que haces esto y une la pasta levemente mientras la enrollas para darle consistencia a la flor y generar espacios en ella.

4 Finalmente, arregla la parte posterior de la rosa recortando el exceso de pasta con unas tijeras.

Rosa

Flor del cerezo

Dalia

Flores de tela

El pastel que está al comienzo del capítulo lleva estas flores en el diseño realista de un bolso. Prueba con distintas combinaciones de flores para ver qué efectos puedes conseguir.

Flor del cerezo

Para crear esta flor también necesitarás un cortapastas ovalado: el tamaño del cortapastas determina el tamaño de la flor resultante.

Bonitos pasteles

Pon las flores en grupos de tres para crear este simple y dulce diseño.

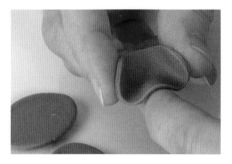

1 Extiende la pasta para modelar hasta que quede finita entre separadores estrechos y corta seis óvalos por flor. Toma uno de ellos y, mientras lo sostienes entre el pulgar y el índice de una mano, con la otra mano levanta la parte central de uno de sus lados.

2 Saca tu dedo del centro y une los dedos pulgar e índice. Presiona la pasta con firmeza para que el pétalo se pegue. Haz lo mismo con el resto de los pétalos.

3 Con un pincel y un poco de pegamento de azúcar, une los pétalos para formar un círculo. Finalmente, haz una bolita de pasta y ponla en el centro de la flor usando pegamento de azúcar.

Dalia

Para crear esta flor lo único que necesitas es un poco de pasta para modelar, una esteca y un cortapastas circular. El tamaño del cortapastas define el tamaño de la flor resultante: prueba distintos tamaños para ver cuál te conviene.

Dalia querida

Cupcake decorado con una dalia con textura de tela, hecha con un pequeño cortapastas circular. Prueba usar pasta para modelar del mismo tono que el molde de papel (cápsula) o elige un color que haga mucho contraste, como hice aquí.

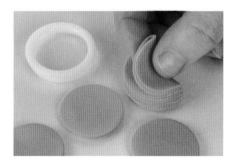

1 Extiende la pasta para modelar hasta que quede finita entre separadores estrechos y corta ocho círculos por flor. Pliega todos los círculos por la mitad y apílalos usando un poco de pegamento de azúcar: no pongas demasiado pegamento porque lo que quieres es que la pasta plegada se pegue, no que se deslice.

2 Apoya los círculos apilados sobre sus pliegues, abre la pila, une los dos extremos y pégalos en su lugar. Arregla la flor para que todos los pétalos tengan el mismo espacio en el centro.

3 Pasa la ruedecita por el centro de cada pétalo para agregar una línea de puntos. Deja que la pasta se afirme antes de agregar la flor al pastel.

Flor ahuecada simple

Estas flores son muy fáciles de hacer: lo único que necesitas es pasta para modelar o pasta para flores, un cortapastas de pétalos, una esteca de bola, una plancha de gomaespuma y un formador.

Consejo

Si no tienes una plancha de gomaespuma, usa la palma de tu mano.

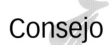

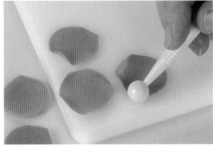

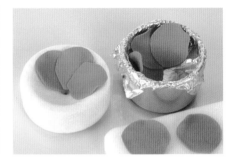

1 Extiende la pasta para modelar hasta que quede finita y corta un cierto número de pétalos, que dependerá del cortapastas de pétalos que estés usando y de cuán llena quieres que se vea la flor. En mi ejemplo usé seis pétalos. Cuando usas cortapastas para hacer hojas y pétalos, siempre debes eliminar los bordes rígidos.

2 Pon los pétalos en una plancha de gomaespuma, con la esteca de bola trabaja todo el contorno de la pasta, haciendo presión con la herramienta mitad sobre la pasta y mitad sobre la plancha para darle movimiento. Para ondular los bordes de los pétalos levemente, presiona con mayor firmeza para que la pasta se afine y se empiece a ondular.

3 Para que la flor se seque y adquiera una forma ahuecada, necesitarás un formador. Hay una amplia variedad de tamaños de formadores disponibles en el mercado, pero puedes hacer tu propio formador ahuecando papel de aluminio sobre la parte superior de un cortapastas redondo, de una taza o de un vaso, o sobre cualquier objeto que tenga un borde circular.

4 Pon los pétalos en el formador de tal manera que se superpongan. Usa un toque de pegamento de azúcar para asegurarlos en su lugar. Hay muchas formas de añadir los centros de las flores: en este ejemplo simplemente hice varias bolitas con pasta de modelar, las coloreé para que combinaran con el pastel y las uní con un poco de pegamento de azúcar.

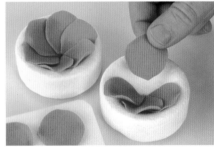

Elegancia floral

Una simple flor ahuecada sobre un minipastel la transforma en un objeto precioso.

Flores reales

Estas flores se hicieron con pasta para flores, ya que se puede estirar hasta quedar muy finita y adquiere una gran dureza cuando se seca. Las flores que se hacen con pasta para flores mantienen su forma porque no les afecta tanto la humedad como a las flores hechas con otras pastas. Sin embargo, ten en cuenta que la pasta de flor seca es bastante frágil, así que manipúlalas con mucho cuidado. Aunque estas flores son técnicamente comestibles, os aconsejo que no las comáis y las guardéis de recuerdo.

Tan convincentes

La amapola de azúcar del pastel Amapolas Perfectas del capítulo sobre Pintura es tan realista que te perdonamos si pensaste que era una flor de verdad.

Amapola

Me encantan lo maravillosas y a la vez simples que son las amapolas, sus pétalos pueden ser de cualquier color de modo que puedes usarlas para los pasteles en una amplia variedad de gamas de colores. Por lo general, las amapolas tienen entre cuatro y seis pétalos. A fin de crear esta amapola de un rojo intenso, necesitarás pasta para flores roja, verde y negra, un cortapastas de pétalos de amapolas, un marcador de nervaduras de doble cara para pétalos de amapola, un formador y algunas herramientas básicas de modelado.

1 Extiende la pasta para flores y corta cuatro pétalos por flor. Pon los pétalos sobre una plancha de gomaespuma y da pequeños golpes en los bordes con una esteca de bola, parte sobre la pasta y parte sobre la plancha. Coloca un pétalo sobre un marcador de nervaduras de doble cara y cúbrelo con la segunda mitad. Presiona con firmeza para estampar el pétalo.

2 Retira el pétalo y ponlo en un formador. Marca el segundo pétalo y ubícalo frente al primero en el formador. Estampa dos pétalos más y ponlos encima de los primeros en ángulos rectos.

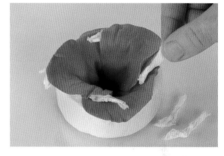

3 Algunas amapolas rojas tienen marcas negras: agrégalas, pinta la base de cada pétalo con colorante comestible en polvo de color negro. Luego corta pequeñas tiras de toallas de papel, retuércelas y ponlas entre los pétalos para darles movimiento y para que parezcan más reales.

4 Para crear el centro de la flor, haz un cono con pasta para flores verde y, con unas pinzas, haz ocho crestas iguales en su parte superior. Usa una herramienta de Dresden para marcar suaves hendiduras en la base del cono.

5 Para los estambres, estira pasta para flores negra hasta que quede bien finita y, con una ruedecita de corte, haz pequeños movimientos hacia delante y hacia atrás en la pasta para crear un corte delgado en zigzag.

6 Corta líneas rectas a cada lado del zigzag para formar dos tiras por separado y envuelve el centro de la flor en ellas. Usé dos capas para el centro de esta amapola, pero puedes poner solo una.

Peonía

Extravagante y sorprendente —la reina de las flores—, la peonía es una flor hermosa para decorar pasteles. En comparación con otras flores, las peonías tienen una gran cantidad de pétalos, pero puedes hacerlas de manera muy sencilla con un solo cortapastas. Para crear una peonía, necesitarás pasta para flores del color que elijas, colorantes comestibles en polvo para complementar el color de los pétalos, un cortapastas para flores de cinco pétalos, un marcador de nervaduras de cerámica, una plancha de gomaespuma, una esteca de bola y un formador ahuecado, así como las herramientas básicas para modelado, pegamento de azúcar y algunas toallas de papel.

1 Estira la pasta para flores y corta dos grandes flores de cinco pétalos. Toma una ruedecita de corte y quita pequeñas secciones en forma de «V» de los bordes de los pétalos, como puedes ver aquí. Cubre las flores con las que no estés trabajando con plástico, o algún material que te permita mantenerlas frescas, para evitar que se sequen.

2 Para dar textura y más detalles a los pétalos, pásales el marcador de nervaduras de cerámica por encima. A tal fin, pon la punta de la herramienta en el centro de la flor y presiónala suavemente mientras la haces girar con un movimiento radial por encima de cada pétalo.

3 Pon la pasta ya texturizada sobre la plancha de gomaespuma y dale movimiento a los bordes con una esteca de bola. Sostén la esteca de bola de forma tal que quede una mitad sobre la pasta y la otra mitad sobre la plancha y presiona los bordes con pequeños golpecitos: cuanta más presión hagas, más movimiento le darás a los pétalos.

4 Pon un grupo de pétalos sobre el formador ahuecado y luego agrega el segundo grupo de pétalos en el centro, colocándolo de forma que queden en el centro del primer grupo. Crea espacio entre los pétalos y dales movimiento insertando, entre las dos capas, pequeños trozos de papel de cocina enrollados.

Flor granate

Una peonía de azúcar es una forma delicada de decorar un pastel, como hemos visto con las Sombrereras apiladas en el capítulo sobre Plantillas.

5 Para crear los pétalos internos, corta cinco flores de pasta para flores; una vez estiradas, cúbrelas todas excepto una para evitar que se sequen. Usa el marcador y la esteca de bola como hicimos antes. Dobla los bordes de un pétalo hacia el centro y luego dóblalos una vez más para crear pétalos enrollados. Agrega un poco de pegamento de azúcar, pero no presiones con fuerza: no estás tratando de pegar los pétalos entre sí, sino de darles forma.

6 Repite estos pasos con el resto de los pétalos y luego llévalos a una posición vertical para que todos queden en ángulo recto con respecto al centro de la flor original.

7 Pellizca la pasta en la base de los pétalos que ahora están verticales, ubícalos dentro del centro de los pétalos externos y agrega un poco de pegamento de azúcar. Haz lo mismo con el resto de las flores.

8 Con una herramienta de Dresden, abre y adapta la posición de los pétalos para darles una apariencia más natural. Toma un pincel para polvos y agrega colorante en polvo en el centro de algunos pétalos para darle profundidad a la flor.

Hermosa en rosa

Las peonías de azúcar son flores versátiles que funcionan con colores fuertes o delicados, en una amplia variedad de diseños.

9 Inserta trocitos de papel de cocina enrollados para ayudar a que los pétalos permanezcan en su lugar mientras se secan. Permite que los pétalos se endurezcan pero no por completo. Retira la peonía del formador: los pétalos deberían tener todavía algo de movimiento, y no estar quebradizos y rígidos. Agrega un cáliz, de ser necesario; luego ponla en su lugar sobre el pastel.

Estampado

Si quieres hacer pasteles y galletas con diseños aún más elaborados y con distintas texturas, entonces ya es hora de comenzar a estampar. La técnica del estampado consiste en presionar un diseño sobre una pasta suave para dejar la imagen reversa y así transformar una superficie plana en una hermosa pieza artesanal. Puedes utilizar los sellos para estampar, utensilios de decoración de pasteles o cortapastas que se consiguen en las tiendas, o también puedes hacer tus propios sellos o estampadores según el diseño o el efecto que quieras lograr. Este capítulo te servirá de inspiración para probar varios métodos.

Contenido del capítulo

Consejo

Los estampados siempre deben hacerse sobre pasta que esté fresca, porque el estampador no hará una buena marca si ya está seca o muy firme.

Almohadones apilados

Las formas de pasta para modelar se usaron para realzar y embellecer el estampado de la pasta de azúcar que cubre estos pasteles tallados con forma de almohadones. Lee el capítulo sobre Trabajos para ver las instrucciones paso a paso de este pastel y tomar nota de los utensilios e instrucciones para hacer todos los pasteles y galletitas que verás en este capítulo.

Estampadores listos para usar

En las páginas que vienen a continuación, verás que hay muchas técnicas para estampar sobre pasta blanda; sin embargo, lo más sencillo es aplicar los estampadores que se venden en las tiendas. En general, están hechos de plástico apto para uso alimentario y en uno de sus lados tienen el diseño, que suele ser muy elaborado, y en el otro, un mango para retirar el sello de la pasta. Hay un sinfín de variedades de sellos disponibles, desde mariposas hasta flores de tamaño natural y diseños sofisticados para aplicar en los laterales de un pastel. La elección dependerá del tipo de pastel o de galleta que quieras decorar.

Sellos con cortador o cortapastas

Sellos estampadores

Estampadores para diseños pequeños

Tómate tu tiempo para elegir el estampador. Debes poder sostenerlo con firmeza. En mi opinión, los pequeños sellos estampadores resultan muy útiles a la hora de hacer diseños pequeños.

Chaleco de bodas

La técnica del estampado resulta muy útil para agregarle una textura interesante a la pasta, como en este chaleco de bodas.

1 Extiende la pasta hasta que tenga un espesor de 5 mm, preferentemente con la ayuda de espaciadores, y cubre tu pastel o, si estás haciendo galletitas, apóyala sobre la superficie de trabajo. Toma el sello estampador que elegiste y sostenlo entre los dedos pulgar e índice en posición recta sobre la pasta de azúcar y presiona. Repite el paso, asegurándote de aplicar la misma intensidad cada vez que presiones el sello para que el diseño final tenga una profundidad homogénea.

2 Si vas a decorar galletitas, recorta las formas de la pasta de azúcar estampada y colócalas encima de cada galletita.

Belleza en flor

El diseño a gran escala sobre este cupcake se realizó utilizando el estampador también como cortapastas.

Estampadores para diseños grandes

Muchos estampadores para diseños grandes tienen bordes con distintas profundidades, de modo que algunos se pueden usar también como cortapastas. En el siguiente ejemplo, verás esta técnica sobre un cupcake.

1 Extiende la pasta de azúcar hasta que tenga un espesor de 5 mm, preferentemente con la ayuda de espaciadores, y marca un círculo de pasta de la medida de tu cupcake. Elige algunos sellos con cortapastas y estampa un diseño sobre la pasta de azúcar blando. No te preocupes si las formas se superponen en esta etapa. Coloca el círculo de pasta de azúcar sobre un cupcake.

2 Estira la pasta para modelar hasta que quede bien finita, en este paso tendrás que probar varias veces hasta lograr el grosor más adecuado para el sello que utilices. El borde exterior del sello o estampador debe atravesar la pasta pero dejar el interior intacto. Si te resulta más fácil, puedes recortar la forma con un cuchillito o cúter. Recorta las mismas formas que estampaste en la pasta de azúcar.

3 Transfiere las piezas estampadas a la pasta de azúcar texturizada, pegando cada una sobre las formas correspondientes. Construye el diseño colocando primero las piezas del fondo y luego las que están en primer plano. Por último, puedes destacar el estampado pintando las formas con polvos comestibles o con colorantes en pasta (ver el capítulo sobre Pintura).

Rodillos texturados

Los rodillos texturados sirven para agregar un diseño estampado a una superficie grande de pasta de azúcar de una manera rápida y muy sencilla. Hay de muchos tamaños y diseños disponibles, así que elige uno que se adapte a tu presupuesto y a tu diseño.

Uso convencional Extiende la pasta de azúcar para modelar, preferentemente, con la ayuda de espaciadores, retíralos y extiende la pasta con el palo de amasar texturado, presionando en forma homogénea hasta que el diseño quede uniforme. Trata de no pasar el rodillo más de una vez para no desdibujar el diseño.

Uso experimental No temas probar distintos métodos; por ejemplo, experimenta con distintos rodillos texturados sobre una misma porción, aplica distinta presión para lograr un efecto de olas o sujeta un extremo del rodillo y haz un movimiento sobre la circunferencia para crear un diseño circular.

Rosas delicadas

Cada pedacito de pasta utilizado en este cupcake fue sutilmente estampado con distintos rodillos texturados.

Estampar con cortapastas

Hay muchos cortapastas que funcionan a la perfección como sellos o estampadores sobre pasta de azúcar, así que prueba con los que ya tengas en casa. Personalmente, creo que los cortapastas de metal delgado son más eficaces que los que son un poco más gruesos, pero siempre dependerá del efecto que quieras lograr.

1 Estira la pasta hasta que tenga un espesor de 5 mm, preferentemente con la ayuda de espaciadores, y apóyala sobre la superficie de trabajo. Sujeta el cortapastas que hayas elegido en ángulo recto y presiona suavemente sobre la pasta blanda. Ten en cuenta que deberás dejar un espacio entre cada estampado.

2 Repite el paso y asegúrate de aplicar la misma presión cada vez a fin de lograr una profundidad homogénea. Si vas a decorar galletas, recorta las formas estampadas de pasta de azúcar y colócalas encima de cada galleta.

Flores para la boda

En este trabajo se usaron pequeños cortapastas de flores para estampar los pisos de esta galleta con forma de pastel de bodas. Algunas flores tienen más profundidad para lograr una mayor textura.

Utensilios para estampar

Los utensilios para decoración de pasteles son muy eficaces para hacer estampados sobre pasta blanda. Hay muchas herramientas disponibles que se pueden usar de distintas maneras, así que te recomiendo que te tomes un tiempo para probar con las que ya tienes en casa.
Aquí van tres ejemplos.

Esteca de bola

Aplica una leve presión sobre la pasta blanda para hacer marcas ahuecadas; un diseño muy interesante porque queda un efecto sombreado. Otra opción es hacerla girar por toda la superficie para crear diseños, contornos y pliegues (ver Herramientas y utensilios).

Tacones de alta costura
Utilizando la esteca de bola para marcar los pétalos de las flores de este zapato, se logra un efecto 3D.

Bonitas botas de agua
Los detalles lineales de estas galletitas con forma de botas de agua fueron estampados con una ruedecita de corte.

Ruedecita de corte

En vez de recortar formas, aplica menos presión y solo marca la superficie de la pasta. De este modo, podrás hacer diseños fascinantes o agregar detalles a formas definidas.

Consejo

Tómate tiempo para experimentar, ¡nunca se sabe lo que puedes descubrir!

Boquillas para manga

Utiliza las boquillas para manga para crear distintos estampados y diseños en la pasta. Aquí usé varias boquillas redondas, pero las de estrellas o las de pétalos también son muy eficaces.

Rosa amorosa
El diseño de lunares en esta galletita se hizo estampando con distintas boquillas.

Otros utensilios

Hay muchas cosas en casa que pueden servir para realizar estampados en pasta de azúcar: mangos de cucharas, botones, bocas de botellas, broches, estropajos de aluminio, cepillos, encaje, papel pintado… De hecho, se puede utilizar cualquier cosa que tenga el tamaño adecuado y un diseño definido, siempre y cuando esté muy limpia o pueda sellarse con algún producto que la haga apta para uso alimentario, como por ejemplo algún baño de pastelería. ¡Solo fíjate qué tienes en tus armarios!

Consejo

Las esponjas de alambre son geniales para darle una textura sutil a la pasta de azúcar, ¡de más está decir que debes utilizar esponjas nuevas!

Papel texturado

Mucha gente no piensa que el papel pintado es una gran opción para estampar sobre pasta de azúcar, pero realmente va muy bien siempre que lo selles primero. Los diseños de papel pintado cambian con la moda, pero en la actualidad hay mucha variedad disponible para tener en cuenta, como verás a continuación.

1 Elige el papel que vas a utilizar teniendo en cuenta la escala de tu trabajo. Siempre uso esta técnica sobre bases de pastel, como se puede ver aquí, pero no hay nada que te impida atreverte a más. Corta el papel del tamaño de la pasta que vayas a estampar y sella la superficie texturada con una o dos capas de barniz comestible.

2 Cubre la base del pastel con pasta de azúcar y recorta el sobrante para que se ajuste al tamaño. Coloca encima el papel y presiona con firmeza en el centro con un pulidor. Luego, haciendo la misma presión, haz un movimiento circular para transferir todo el diseño.

3 Cuando hayas terminado, retira el papel y recorta los pedacitos de pasta que sobresalgan del borde de la base. Deja secar.

Elegancia floral
Este estampado de hojas en la base del pastel se realizó con un papel texturado.

4 Para acentuar el estampado en el diseño, puedes mezclar un color que contraste de pasta de azúcar con agua hervida y enfriada hasta lograr una consistencia untable. Luego vierte el color sobre la base con una espátula con mango y retira el excedente con un papel de cocina húmedo. Deja secar.

Cómo preparar tus propios sellos

A veces simplemente no es posible encontrar el sello o estampador adecuado, entonces; ¿por qué no poner en marcha tu creatividad y originalidad para hacer tus propios diseños? Para esto necesitarás un diseño, un pedazo de acrílico bien limpio y esterilizado con agua hirviendo, glasa real, una manga y una boquilla fina, por ejemplo la PME n.º 1.

Consejo

Los estampados que ves en las imágenes también funcionan como base para pintar bordados (ver el capítulo sobre Decoración con manga).

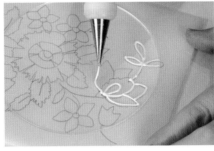

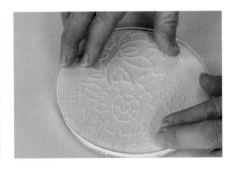

I Dibuja o adapta tu diseño según necesites. Recuerda que la imagen que transfieras se verá al revés, por lo que es mejor girar la imagen en esta etapa para que tu diseño quede en la posición que tú quieras. En este ejemplo, tomé una foto de un mantel bordado y adapté su tamaño para que quedara bien. También calqué el diseño para que los contornos de las formas se viesen más definidos.

2 Coloca el acrílico encima del diseño y sujétalo con cinta adhesiva o con unas gotitas de glasa real. Coloca la boquilla en la manga y llena esta hasta la mitad con glasa real un poco batida para que tenga una consistencia suave. Luego aplica la glasa real por todo el contorno del diseño (ver capítulo sobre Decoración con manga).

3 Deja secar la glasa durante toda la noche en un lugar tibio y seco. Una vez que se haya secado, coloca el estampador en el centro de una base o un pastel recién cubierto y haz un poco de presión en forma homogénea y firme.

4 Retira el estampador para que se vea el diseño. En el pastel que verás a la izquierda, apliqué con la manga líneas de distintos colores con glasa real sobre algunas partes del diseño estampado para recrear un mantel bordado.

Sensación de coser

El estampador que se utilizó para crear el diseño sobre este pastel fue realizado especialmente para este propósito.

Herramientas

Las herramientas para decorar con pasta de azúcar son piezas fundamentales para cualquier decorador de pasteles, ya sea un principiante o un experto. En este capítulo verás cómo usar estas herramientas especiales con eficacia. No incluí todas las que existen en el mercado, ni todas mis favoritas, porque algunas son demasiado especializadas. Me limité a seleccionar las que considero que te serán realmente útiles a la hora de decorar tus propios pasteles.

Contenido del capítulo

La gloria de Gaudí

Las líneas onduladas sobre los laterales de este pastel inspirado en Gaudí fueron hechas con el disco redondo de una pistola de repostería. Encontrarás más instrucciones paso a paso en el capítulo sobre Trabajos, además de las listas de materiales y las instrucciones para todos los pasteles y galletitas que hay en este capítulo.

Herramientas de decoración

En mi caja de herramientas, tengo piezas de distintos fabricantes, ya que a menudo, por algún motivo, prefiero una herramienta de un proveedor específico en vez de otras disponibles en el mercado. A veces tiene que ver con que la herramienta me resulta más cómoda de agarrar, otras veces es la calidad del acabado o la sensación que produce o porque es exclusiva. Si pueden prestarte algunas herramientas para empezar a probar, mucho mejor; de lo contrario, compra las de mejor calidad conforme tu presupuesto, dado que tener las herramientas adecuadas ¡facilita mucho todo el trabajo!

Consejo

Elige bien tus herramientas y evita los kits demasiado económicos, porque pueden ser una mala inversión. Siempre compra herramientas de decoración para profesionales y de fabricantes conocidos.

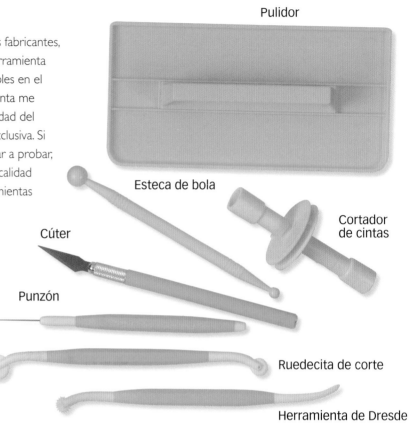

Pulidor

Esteca de bola

Cortador de cintas

Cúter

Punzón

Ruedecita de corte

Herramienta de Dresde

Herramienta de Dresde

Probablemente esta sea la herramienta que más utilizo. Tiene varias aplicaciones y aquí van algunas hendiruras que quizá no se te hayan ocurrido.

Con bordes elegantes

Muchas veces uso esta herramienta junto con la pistola de repostería para crear un borde texturado alrededor de los pasteles. Siguiendo las instrucciones de las próximas páginas, crea un tramo de pasta utilizando la pistola con un disco redondo y adhiérelo a tu pastel. Toma la herramienta de Dresde y presiona la pasta repetidamente con la punta afilada para hacer tu diseño.

Con forma de pliegues

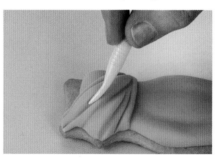

Esta técnica me resulta de suma utilidad. Cubre el pastel o galletita con pasta de azúcar y luego marca trazos con la herramienta de Dresde repetidas veces a lo largo de la pasta, alternando los extremos de la herramienta para lograr distintos efectos. Los trazos deben estar cerca unos de otros para que el efecto final represente una tela plisada o drapeada.

Vestido glamuroso

El drapeado realista y los pliegues en esta galletita con forma de vestido fueron hechos con una herramienta de Dresde.

Esteca
de bola

Es una de las herramientas esenciales.
La esteca de bola tiene una pelotita de
distinto tamaño en cada extremo. Se
consigue en distintos tamaños y la que
elijas dependerá del tipo de trabajo
que hagas, pero sugiero que comiences
con la básica de 6 mm y 12 mm de
diámetro.

Pétalos rosados

*En este minipastel, los pétalos y las hojas
fueron hechos con la esteca de bola.*

Agregar contornos

Extiende pasta de azúcar y prepárala para
cubrir una base de pastel, un pastel o una
galletita. Haz marquitas en la pasta blanda
presionando la herramienta sobre la
superficie. Puedes retirar la herramienta para
hacer pocitos o arrastrarla suavemente por
la pasta para agregar contornos y darle más
definición.

Suavizar pétalos

Cuando utilizas cortapastas para recortar
hojas y pétalos siempre quedan bordes
rectos que se pueden suavizar usando esta
herramienta. Coloca las hojas o pétalos sobre
una plancha de gomaespuma. Toma la esteca
de bola y pásala por los bordes, haciendo
presión con la herramienta sobre la pasta y
sobre la plancha.

Ahuecar pasta

La esteca de bola se puede usar para lograr
efectos 3D en nuestras piezas de decoración.
Extiende un poco de pasta para modelar y
recorta una forma, por ejemplo una flor, y
apóyala sobre una plancha de gomaespuma.
Presiona con la esteca de bola en el centro
de un pétalo y deslízala sobre la pasta hacia el
centro de la flor; la pasta debería ondularse
en la dirección que hayas hecho el trazo.

Pistola de repostería

Esta herramienta es fantástica, también se la conoce como pistola para decorar, y toda persona que se dedique a la decoración de pasteles debe tenerla. El mecanismo patentado de bombeo sirve para extraer distintas formas y tamaños de pasta, pero los mejores resultados se obtienen si usas pasta para modelar y pastillaje. La pasta de azúcar se puede usar con los discos que tienen agujeros más grandes y con los discos rejilla, pero muchas veces los bordes quedan irregulares.

Los discos y sus usos

La pistola viene con 16 discos, que te permiten crear lazos, letras, marcos, bloques, cestas, racimos, hierba, cuerdas y mucho más.

★ Usa los discos rejilla para hacer cabello, hierba y los filamentos y pistilos de una flor.
★ Usa los discos con ranura para hacer lazos, tramas y cestas.
★ Usa los discos con forma de trébol para hacer cuerdas.
★ Usa los discos con perforaciones cuadradas y semicirculares para hacer bloques y troncos.

Sustituir boquillas por discos

Una opción para reemplazar los discos es utilizar las boquillas PME, ya que encajan perfectamente en la pistola.

Por mi parte, suelo usar boquillas número 1 o 1,5 cuando quiero hacer trazos más pequeños que los que puedo lograr con un disco redondo pequeño. El secreto es asegurarse de que la pasta esté bien blanda.

1 Primero agrega un poco de grasa vegetal blanca a la pasta para evitar que esté muy pegajosa (pero no demasiado porque de lo contrario no endurecerá). Luego sumerge la pasta en un recipiente con agua hervida y enfriada y amasa para incorporar. Repite el paso hasta que la pasta esté blanda y elástica.

2 Coloca la pasta blanda dentro del barril, luego ajusta un disco y la pistola.

Consejo

Cuanto más pequeño sea el agujero del disco, más blanda deberá ser la pasta. Piensa en la consistencia de un chicle mascado y no te equivocarás.

3 Empuja el émbolo hacia delante para que salga el aire y aprieta con el mango para aumentar la presión, hasta que salga la pasta. Esta debe salir con facilidad y suavemente; si esto no sucede, puede ser que la consistencia no sea la correcta, por lo que deberás quitar la pasta y agregar otro poco de materia grasa y/o agua.

Discos redondos

De todos los discos, estos probablemente sean los más versátiles. Se pueden usar para agregar bordes y muchos efectos decorativos. Si vas a utilizar pastillaje, puedes crear piezas de azúcar que no necesitan soporte tales como ondas y espirales para que sobresalgan de tus cupcakes o para darle más altura a tus pasteles. Aquí van algunas ideas para que pruebes.

Consejo

Asegúrate de que la pasta esté muy blanda. Todas las que llevan azúcar, a excepción del mazapán, tienen que ablandarse con un poco de grasa vegetal y agua hervida y enfriada.

Idea 1 Ablanda un poco de pasta para modelar y colócala dentro de la pistola con su disco redondo. Deja que salga un poco de pasta y utilízala directamente como borde en pasteles y galletitas. Muchas veces uso esta técnica para cubrir las juntas entre un pastel y su base, porque es una opción mucho más rápida y eficaz.

Idea 2 A mucha gente le resulta más fácil usar una pistola que una manga. Toma un pincel fino y pinta el diseño que hayas elegido sobre tu pastel o galletita con pegamento de azúcar. Aplica una extensión de pasta sobre el pegamento. Corrige la forma con el dedo o con el pincel según necesites. Recorta el excedente. Esta técnica también va muy bien para los laterales de un pastel.

Idea 3 A veces, en vez de aplicar la pasta directamente sobre una superficie con pegamento, es más fácil colocarla sobre una superficie antiadherente, esperar que seque un poco y luego pegarla al pastel. Esto te permite usar plantillas para darle forma a tu pasta y pegarla donde quieras. Las líneas onduladas en los laterales del pastel principal de este capítulo se hicieron de este modo.

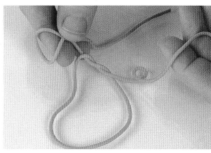

Idea 4 Otra idea es aplicar pasta sobre tu superficie de trabajo y dejarla secar un poco para poder manejarla con mayor facilidad. Ahora la pasta se puede usar como un cordón para hacer un lazo, o rizos, etcétera.

Tacones rosados para seducir

En este diseño de zapato sexy, los lazos fueron hechos con una pistola de repostería con un disco redondo pequeño.

Discos rejilla

Son excelentes para hacer cabello, hierba, centros florales, lana de oveja, borlas, y mucho más...
¡la lista es infinita!

Flores aterciopeladas

Diviértete probando distintas técnicas con los discos rejilla: estas flores de felpa son irregulares pero se ven muy bonitas.

A tomar el té

Puedes hacer miles de diseños de cuerdas; en esta galletita con forma de tetera es un toque decorativo perfecto.

Rollitos cortos Ablanda un poco de pasta para modelar (como ya expliqué anteriormente) y colócala dentro de la pistola con uno de los discos rejilla. Deja que salga un poco de pasta y con la herramienta de Dresde retira los mechoncitos y aplícalos directamente sobre el pastel o galletita.

Rollitos más largos Comienza igual que con los rollitos cortos pero deja que salga más pasta, hasta que tenga el largo deseado, y retírala con la herramienta de Dresde. Si vas a hacer una borla, junta y pega los extremos; si vas a hacer cabello, retira unos pocos mechones cada vez y aplícalos según tu diseño.

Discos para hacer cuerdas

Este disco parece una hoja de trébol.

Para hacer una cuerda, deja salir un rollito largo de pasta y retuerce con cuidado.

¡Te gusta retorcer? Prueba esto...

★ Para hacer una cuerda multicolor, retuerce juntas tres pastas de distinto color hechas con alguno de los discos redondos.

★ Intenta retorcer rollitos hechos con otros discos, tales como el disco cuadrado o el que tiene una ranura para hacer lazos.

Cortador de cintas

Esta herramienta te permitirá ahorrar tiempo porque podrás cortar tiras del mismo tamaño sin problemas y muy rápidamente. Lo interesante de esta herramienta es que las ruedas de corte se pueden adaptar para cortar tiras de entre 3,5 mm y 54 mm de ancho, por lo que podrás hacer lazos finos y tiras anchas.

Café con crema

Las cintas sirven para embellecer muchísimas cosas, como este exquisito lazo colocado encima de este sofisticado cupcake.

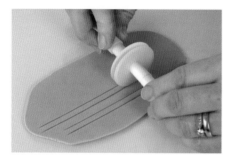

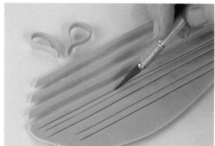

1 Ajusta tu herramienta de modo tal que las ruedas de corte hagan tiras del ancho deseado. Estira un poco de pasta para modelar hasta que quede fina. Sujeta los mangos de la herramienta con ambas manos y pasa los bordes de la herramienta sobre la pasta con firmeza e intensidad constante.

2 Ahora debes tener unas cintas bellísimas. Si la herramienta no ha cortado bien a lo largo de toda la pasta, quizá es por no haber aplicado una intensidad regular, pasa el cúter a lo largo de los bordes para corregir. Deja que la pasta se afirme un ratito y luego levántala para usarla en tu trabajo.

Consejo

Experimenta usando cortadores con ruedas para hacer ondas y pespuntes, las tiras que tienen un borde recto y otro ondulado son geniales para decorar la unión entre una base y el pastel.

Rueda de corte

Esta es una herramienta muy útil y con frecuencia se usa para cortar pasta para modelar a mano alzada. La ventaja de usar la rueda de corte es que deja una curvatura en el borde superior de la pasta, por lo que las formas quedan más suaves. También se puede usar para darle textura a la pasta.

Tacones de gatito

El diseño de piel de animal en este elegante zapato se recortó a mano alzada con pasta para modelar y una ruedecita de corte.

Cortar a mano alzada

Estira la pasta para modelar entre espaciadores estrechos, preferentemente sobre una superficie antiadherente. Elige una rueda grande o pequeña y sujeta la herramienta en tu mano como si fuera un pincel. Pasa la rueda a lo largo de la pasta, presionando con la intensidad justa para que el corte salga limpio. Retira el sobrante de la forma. Deja estacionar la pasta hasta que esté un poco firme y luego colócala sobre la cubierta de tu pastel o galletita.

Crear plumas

Estira un poco de pasta para modelar hasta que quede bien fina y pasa la herramienta haciendo trazos cortos hacia atrás y hacia delante para lograr un aspecto de plumas. Úsala como está o corta una tira y enróllala para hacer el centro de una flor, como se puede ver en el pastel Amapolas perfectas en el capítulo sobre Pintura.

Consejo

Puedes pasar la rueda de corte varias veces sobre la pasta de azúcar para lograr un efecto texturado.

Cúter para repostería

Un cuchillo o cúter de repostería es una herramienta muy útil, porque su hoja afilada y puntiaguda sirve para cortar detalles elaborados con facilidad y formas grandes con delicadeza. Manéjalo con cuidado y siempre corta sobre una superficie que la hoja no pueda marcar ni dañar. Yo trabajo sobre una superficie de trabajo Corian porque me parece de muy buena calidad, pero son costosas y hay otras opciones disponibles en el mercado. Para obtener mejores resultados, utiliza pasta para modelar bien estirada. Recomiendo que sea de 1,5 mm de grosor y que utilices espaciadores para lograr un espesor uniforme, aunque a veces el diseño requiere una pasta aún más fina y en otros casos una pasta más gordita funciona mejor. Aquí hay algunos ejemplos para que practiques con el cúter, pero no temas hacer distintas pruebas con esta herramienta tan versátil.

Rayos de sol

Las atractivas tiras de esta minipastel fueron cortadas con un cúter.

Cortar formas básicas

Extiende la pasta entre espaciadores. Sujeta el cúter con firmeza y corta la forma elegida, también puedes hacerlo con una plantilla. En este ejemplo utilicé un cúter y un borde recto para cortar tiras uniformes.

Cortar formas sobre el pastel

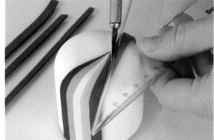

El cúter es una excelente herramienta para corregir y afinar formas de pasta que ya están colocadas encima del pastel, porque el filo sirve para quitar pedacitos sin ejercer presión en la superficie del pastel cubierto.

Cortar formas elaboradas

Esta es la mejor herramienta para cortar formas muy elaboradas. La hoja delgada permite cortar finos detalles, como puedes ver en esta silueta. Con las formas elaboradas deberás girar el diseño mientras cortas, así que asegúrate de que sea posible. También lograrás mejores resultados si haces el negativo de una plantilla porque de esta manera presionas sobre el área que rodea la figura, pero no sobre ella.

Consejo

Cambia la hoja de tu cúter con frecuencia para que los cortes sean perfectos.

Lacio y brillante

Con el cúter podrás realizar recortes complejos, como en este diseño del pastel de corazón de parches que aparece en el capítulo sobre Color.

Otros utensilios

El mundo de las manualidades está repleto de herramientas interesantes, así que la próxima vez
que pases por una tienda o que busques por internet, trata de comprar productos que se puedan calcar
o transferir fácilmente a piezas de azúcar; solo asegúrate de limpiar o esterilizar bien las herramientas
y ten cuidado con los plásticos que no estén aprobados para uso alimenticio. Ahora verás cómo
usar perforadoras de papel para lograr efectos interesantes.

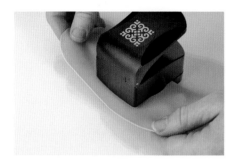

Uso del dorado a la hoja

1 Extiende la pasta para modelar entre
espaciadores estrechos; sería conveniente
que la pasta quedara más firme y delgada que
lo habitual. Deja que endurezca por unos
minutos, luego pasa la pasta por la
perforadora.

2 Presiona la perforadora hacia abajo con
firmeza y luego suéltala. Con cuidado desliza
y retira la pasta. Puedes usar los pedacitos
que sobraron y el que perforaste. Deja
reposar la pasta para que se afirme y luego
aplícala a tu pastel o galletita.

Se puede obtener grandes resultados
con una perforadora y pan de oro. Estira
la pasta para modelar sobre grasa vegetal
y con cuidado coloca el lado engrasado
de la pasta sobre el pan de oro. Presiona
suavemente la pasta para unir ambos
materiales. Dale la vuelta a la pasta y retira
el papel de atrás del pan de oro. Deja
que la pasta se afirme y luego pásala por
la perforadora y corta como se indica
en el paso 2.

Consejo

Elige bien tu perforadora,
ya que las de esquina no
son fáciles de usar y las que
estampan y cortan no son
muy eficaces en las pastas
de azúcar.

Filigrana perforada

*Este diseño original de filigrana
fue realizado con una perforadora
para manualidades.*

Decoración con manga

Los detalles con manga pueden transformar un diseño simple en un pastel fabuloso y aun así mucha gente no se anima a probar su destreza en el uso de la manga. Este capítulo tiene por objetivo desmitificar este arte e inspirarte para que perfecciones esta técnica. No es difícil dominar las técnicas básicas, la clave es tener el equipo apropiado y la consistencia adecuada en el glaseado, ya sea una crema de mantequilla o una glasa real. El resto es solo práctica para que te familiarices con las cantidades de presión que necesitas al trabajar con manga.

Contenido del capítulo

Utensilios

Crema de mantequilla

★ Espirales

★ Picos

★ Margaritas

★ Rosas

Glasa real

★ Puntos

★ Corazones

★ Trazado de líneas

★ Bordado con pincel

Consejo

Las técnicas para aplicar crema de mantequilla y glasa real con manga son las mismas, pero la escala es diferente. Si quieres hacer una rosa pequeña en vez de una grande de crema de mantequilla, simplemente utiliza una boquilla para pétalos y glasa real.

Creación coral

Los efectos que puedes lograr usando una manga son múltiples, en este maravilloso pastel se aplicó el bordado con pincel y puntitos con manga. En el capítulo sobre Trabajos encontrarás las instrucciones para realizar este pastel, además de las listas de materiales y los pasos para confeccionar todos los otros pasteles y galletitas que verás en este capítulo.

Utensilios

Antes de decidirte por la crema de mantequilla o la glasa real, presta atención al equipo básico que necesitarás para comenzar.

Boquillas

También se las conoce como tubitos o piquitos, hay mucha variedad para elegir, y la forma y tamaño también dependerá de los ingredientes que uses y el diseño que quieras crear con manga. No obstante, las boquillas que se usan para la crema de mantequilla tienden a ser mucho más grandes que las que se usan para detalles delicados hechos con glasa real.

Las boquillas son de plástico o de metal, de bronce niquelado o acero inoxidable. Para mejores resultados, usa siempre boquillas profesionales y evita aquellas que tengan junturas. Si el presupuesto te lo permite, trata de usar boquillas de acero inoxidable, ya que no se oxidan ni se rompen y pueden servirte para toda la vida. También debes tener en cuenta que el número de serie que se usa para identificar las boquillas no está estandarizado, y cada fabricante tiene pequeñas diferencias para su sistema de numeración. Por ejemplo, una boquilla Wilton n.º 10 equivale a una PME n.º 16. Antes de usar una boquilla verifica que esté muy limpia y seca, especialmente cuando se trate de las más pequeñas.

Redondas

Punta de pétalo

Punta de estrella y estrella cerrada, para usar con crema de mantequilla.

Grandes y de plástico, para usar con crema de mantequilla.

Mangas de repostería

Hay de dos tipos: las reutilizables, que hoy en día se fabrican con nailon en vez del algodón tradicional que se debía esterilizar, y las mangas desechables, que se elaboran con plástico transparente. Por mi parte, prefiero las mangas de plástico desechables de tamaño grande para decorar con crema de mantequilla y las mangas pequeñas de nailon reutilizables para usar la glasa real, pero lo importante es que descubras cuál es la que tú prefieres. Muchas personas optan por hacer sus propias mangas con papel de horno, así que elige la que sea de tu agrado.

Acopladores para manga de repostería

Estos ingeniosos aparatitos son geniales para ahorrar tiempo; se colocan en el extremo de la manga para poder cambiar las boquillas con total facilidad y evitar tener que cambiar de manga para cada boquilla.

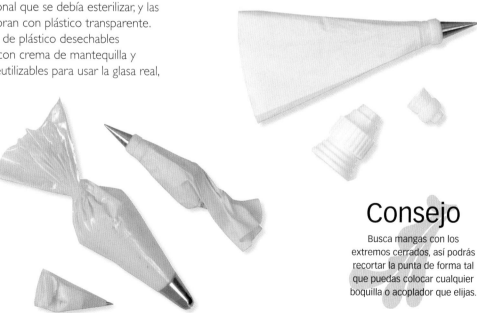

Consejo

Busca mangas con los extremos cerrados, así podrás recortar la punta de forma tal que puedas colocar cualquier boquilla o acoplador que elijas.

Crema de mantequilla

Muchos se esfuerzan por lograr esas hermosas espirales de crema de mantequilla liviana y esponjosa (ver el apartado sobre Recetas de azúcar), ¡pero también es bueno probar otras opciones! Lo importante es que la crema de mantequilla tenga la consistencia y temperatura adecuadas. Si está muy dura y fría, será muy difícil decorar con la manga, por lo que deberás volver a batir y agregar un poquito de agua o de leche. Si está muy blanda y tibia perderá la forma, entonces deberás guardarla un rato en la nevera y luego, de ser necesario, agrega un poquito más de azúcar glas y vuelve a batir.

Espirales de rosas

La práctica lleva a la perfección: realiza estas espirales con crema de mantequilla hasta que logres confeccionar rosas perfectas como estas.

Espirales

Para hacer espirales necesitarás una boquilla grande de estrella o de estrella cerrada. Sugiero que pruebes con distintas boquillas, así lograrás distintos efectos con boquillas parecidas.

1 Coloca la boquilla elegida en una manga grande y llena esta última hasta la mitad con crema de mantequilla. Retuerce el extremo de la manga para cerrarla. Sujeta la manga en posición vertical casi tocando el centro del cupcake.

2 Aprieta la manga y luego mueve la boquilla hacia el borde del pastel y haz un movimiento en sentido contrario a las agujas del reloj, sosteniendo la boquilla encima de la superficie del pastel para que la cobertura caiga en el lugar adecuado.

Variante Otra opción es seguir aplicando la crema de mantequilla con la manga hasta hacer uno o dos círculos más encima del primero.

3 Para hacer una rosa simple como en este ejemplo, presiona hasta que salga la crema de mantequilla y retira la manga cuando hayas terminado un círculo completo.

Consejo

Una vez que domines la técnica básica, intenta colocar dos colores de crema de mantequilla en la manga para lograr un impactante efecto de doble tonalidad.

Picos

Esta técnica funciona mejor con boquillas con puntas de pétalos. Aquí te recomiendo que pruebes con boquillas más grandes, de por lo menos ocho puntas o pétalos. Recuerda, crearás distintos efectos usando boquillas similares.

1 Coloca la boquilla elegida en una manga y llénala hasta la mitad con crema de mantequilla. Retuerce el extremo de la manga para cerrarla. Sujétala en posición vertical casi tocando el centro del cupcake. Sin moverla, aplica una presión constante y deja que la crema se desparrame hacia el borde.

2 Cuando la crema de mantequilla ya haya cubierto la superficie, levanta la manga despacito haciendo la misma presión. Deja de presionar una vez que hayas conseguido la altura deseada y retira la manga.

Variante 1 Una alternativa para el paso anterior es girar el cupcake con la mano mientras levantas la manga, esto le da un movimiento sutil al diseño de la cobertura.

Variante 2 Otra opción es usar la misma boquilla para hacer muchas estrellitas o florecitas. Esto se logra aplicando presión un momento antes de retirar la boquilla.

Pico perfecto

Estos picos hechos con crema de mantequilla son la base ideal para estos cupcakes cubiertos con florecitas rojas de pastillaje.

Margaritas

Esta es una técnica muy bonita que puede transformar un cupcake en segundos. Va muy bien con varias boquillas de pétalos y hojas, así que prueba para saber cuáles son las que te agradan y cuáles se adaptan al tamaño del pastel que quieres decorar.

1 Coloca la boquilla que hayas elegido en una manga grande y llénala hasta la mitad con crema de mantequilla. Retuerce el extremo de la manga para cerrarla. Desde el centro de un cupcake, sujeta la manga para que la parte gruesa de la boquilla apunte hacia dentro y la parte delgada hacia fuera. Aprieta la manga y aplica la crema desde el centro hacia el borde y luego hacia el centro del pastel.

2 Repite el paso, aplicando la misma presión para cada pétalo y girando el cupcake con la mano a medida que vas decorando.

3 Agrega una segunda capa pero haciendo pétalos más cortos y, si quieres, agrega una tercera y una cuarta capa. La cantidad de capas que quieras agregar dependerá del tamaño de tu cupcake y de la boquilla.

Margaritas maravillosas

Estas bellas margaritas no necesitan mucho más, con una bolita de pasta de azúcar en el centro ya están listas.

Consejo

Si la crema de mantequilla está muy tibia y comienza a derretirse cuando sale de la boquilla, coloca la manga en la nevera unos cinco minutos.

Rosas

Las rosas clásicas siempre son populares. Si bien han sido confeccionadas con glasa real durante siglos, la técnica también funciona con crema de mantequilla. Elige una boquilla de pétalos del tamaño que quieras; las hay desde muy pequeñas hasta enormes, pero te recomiendo que elijas una de aproximadamente 1 cm de largo. Para girar la rosa con rapidez mientras aplicas la manga necesitarás un clavo para flores.

Rosas vintage

Una rosa bien abierta es lo último en decoración de cupcakes y son deliciosas si las preparas con crema de mantequilla.

1 Recorta cuadraditos de papel celofán o papel de horno y coloca uno en la parte superior del clavo con un poquito de crema de mantequilla. El primer paso es hacer un cono de un buen tamaño. Puedes hacerlo con la manga, pero yo lo hago con pasta de azúcar porque el centro queda más firme. Coloca el cono, hecho con pasta de azúcar o la manga, en el centro del clavo.

2 Coloca la boquilla de pétalos que hayas elegido en una manga grande y llénala hasta la mitad con crema de mantequilla. Coloca la boquilla en ángulo recto con respecto al clavo, con el extremo más ancho hacia abajo y el más delgado hacia arriba. Levanta la boquilla para que la punta del cono quede a la mitad de la altura de la boquilla.

3 Para decorar con la manga, comienza a apretar la manga girando el clavo para crear el centro enrollado y apretado de la rosa y completa una vuelta y media.

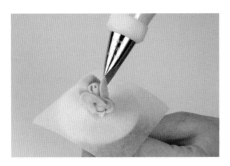

4 Con el clavo en posición recta, agrega tres pétalos entrelazados alrededor del centro. Comienza por la base del cono y presiona la manga, levantando la boquilla hasta la parte superior del centro y luego volviendo a bajar hasta la base para crear el primer pétalo. Realiza dos más para completar el círculo.

5 Agrega otra secuencia de pétalos, haciéndolos más abiertos. Para lograrlo, inclina el clavo en vez de la manga mientras aplicas la crema. Esta vez, agrega cinco pétalos. Realiza tantas filas como quieras, pero añade dos pétalos más por vuelta.

6 Retira el papel celofán o papel de horno del clavo y deja que la rosa se seque. Cuando esté lo suficientemente seca como para moverla, retira con cuidado el cuadradito de protección y coloca la rosa encima de un cupcake o de un pastel.

Glasa real

Muchos creen que la glasa real (ver el apartado sobre Recetas de azúcar) ya pasó de moda, pero me atrevo a decir que unos simples toques y detalles realizados con manga pueden ser un hermoso complemento para un pastel moderno. En las páginas que siguen, verás muchas técnicas para decorar con glasa real que estoy segura de que te serán muy útiles.

Decoración con glasa real

Lo más importante acerca de la glasa real es lograr la consistencia adecuada para la técnica que quieras realizar. Para las que explicaré a continuación necesitarás glasa de picos suaves (la normal) y glasa real fluida.

★ **Glasa real de picos suaves:** Después de batir la glasa real, forma picos con el cuchillo para pasteles o la espátula y, si estos se doblan, la consistencia es la correcta; de lo contrario, vuelve a batir hasta lograr la consistencia adecuada. Esta glasa se utiliza para hacer líneas.

★ **Glasa real fluida:** Sobre una tabla antiadherente, extiende un poco de glasa real de picos suaves con la parte de abajo de una espátula, con el fin de quitarle todas las burbujas de aire. Luego, si es necesario, agrega unas gotitas de agua hervida y enfriada para lograr una consistencia muy lisa. Esta glasa se utiliza para hacer pequeñas formas con manga y para realizar la técnica de bordado con pincel.

Puntos

Para esta técnica es muy importante que la consistencia sea la correcta, la idea es hacer puntitos o perlas, no conitos puntiagudos. Cuanto más pequeño sea el orificio de la boquilla, más importante será lograr la consistencia adecuada.

Puntos y puntitos

Los puntitos hechos con glasa real son decoraciones sencillas, eficaces y versátiles que se pueden aplicar en una enorme variedad de diseños.

1 Coloca una boquilla redonda pequeña, por ejemplo una PME n.° 1 o 2, dentro de una manga de repostería y llénala hasta la mitad con glasa real fluida bien fresca. Apoya tu mano sobre la mesa de trabajo o sobre tu otra mano, y sostén la boquilla casi tocando la superficie que quieras decorar.

2 Aprieta la manga hasta que el punto sea del tamaño deseado, libera la presión y enseguida retira la boquilla; esto sirve para evitar puntitos indeseados. Recuerda: apretar, liberar y retirar.

Consejo

Para decorar con manga, la glasa fresca es mucho mejor que una que tenga varios días, ya que la fresca mantiene su forma, es más firme y, en consecuencia, más fácil de manejar.

Corazones

Esta es una sencilla variante de los puntos. Para lograr mejores resultados, utiliza glasa real fluida.

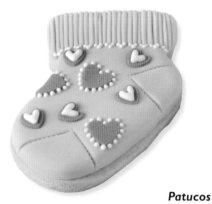

1 Comienza a hacer un puntito con la manga, pero en vez de retirar la boquilla, arrástrala desde el centro para formar una lágrima.

2 Dibuja con la manga un segundo puntito al lado de la primera lágrima, después arrastra la boquilla desde el centro del punto hacia el extremo de la primera lágrima para lograr la forma de un corazón.

Patucos

Realizar corazoncitos con manga encima de corazones de pasta de azúcar genera un efecto de capas superpuestas encantador.

Trazado de líneas

Esta técnica consiste en dejar caer líneas de glasa sobre la superficie del pastel; claro que requiere un poco de práctica, pero vale la pena. Es una técnica que me parece excelente para representar encaje contemporáneo sobre los pasteles.

Consejo

Para evitar que las líneas se rompan, no trabajes con la manga más de 15 o 20 minutos porque tus manos entibiarán demasiado la glasa. Te conviene volver a batir la glasa antes de retomar el trabajo.

Bello encaje

En esta minipastel, se utilizó la técnica del trazado de líneas para unir los motivos florales y lograr un diseño de encaje.

1 Coloca una boquilla redonda pequeña, por ejemplo una PME n.º 1, dentro de una manga de repostería y llénala hasta la mitad con glasa real de picos suaves recién batida. Sostén la manga con el dedo índice apuntando hacia el frente y prepárate para presionarla solo con tu pulgar.

2 Toca la superficie donde tu línea va a comenzar con la punta de la boquilla y al mismo tiempo presiona ligeramente la manga. Cuando comience a salir la glasa, levanta la boquilla para que esté a unos 4 cm de distancia de la superficie de la pasta de azúcar.

3 Cuando la glasa mida el largo deseado, deja de presionar y colócala sobre la superficie del pastel. Recuerda: tocar, levantar y colocar.

Bordado con pincel

Esta es una técnica que aprendí hace muchos años y que siempre me fascinó. Básicamente, se trata de un delineado hecho con manga que se esfuma o suaviza en la superficie de la pasta de azúcar. Para lograr un efecto impactante, elige pasta de azúcar de color oscuro y glasa clara o viceversa. La consistencia de tu glasa real debe ser ligera.

I Primero hay que marcar un dibujo sobre el pastel o galletita. El método más rápido es aplicar un sello o estampador sobre pasta de azúcar blanda. Pero si quieres hacer un diseño único puedes hacer tu propio sello (ver capítulo sobre Estampado) y aplicarlo sobre pasta de azúcar blanda, o marcar el dibujo que hayas elegido sobre tu pastel con la ayuda de un punzón.

2 Coloca una boquilla redonda pequeña, por ejemplo del n.º 1,5 o 2, dentro de una manga y llénala con glasa real recién preparada. Según su tamaño, dependerá el grosor del estampado final. Casi siempre tendrás que trabajar primero el fondo e ir avanzando hacia el primer plano, por lo que deberás elegir una pequeña sección en el fondo o en la parte posterior y aplicar la pasta con la boquilla solo en la sección externa.

3 Humedece un pincel de pelo bastante firme con un poco de agua hervida y enfriada, y seca el exceso de agua sobre un papel de cocina. Coloca el pincel sobre la glasa mojada y dibuja hacia el centro del diseño con pinceladas largas para lograr que se vea natural.

4 Cuando hagas las pinceladas sobre la glasa, procura que la línea exterior sea continua; pero si se quiebra, siempre puedes agregar más glasa. Sigue trabajando alrededor de tu dibujo, pincelando cada sección tan pronto como hayas aplicado la glasa con la boquilla para evitar que se reseque.

Consejo

Para perfeccionar esta técnica, haz la prueba de agregar un poco de gel de repostería en la glasa real para retardar el proceso de secado; esto te dará más tiempo para trabajar en tus diseños.

Jarritos monocromáticos
Para transformar un dibujo hecho con manga en una obra maestra del bordado solo necesitas un pincel húmedo.

Moldes

Si quieres hacer hermosas piezas decorativas con azúcar pero no dispones de mucho tiempo, una solución muy conveniente es elegir un molde de silicona. Este capítulo comprende los aspectos básicos del uso de moldes para un solo color y luego explica todo lo que podrás lograr si agregas más colores. También aprenderás a usar marcadores dobles de nervaduras para crear hojas naturales y, por último, descubrirás cómo hacer tus propios moldes.

Contenido del capítulo

Moldes de silicona

Moldes para un solo color

★ Las pastas que se pueden usar

Moldes para dos colores

Formas complejas

Marcadores de nervaduras

Moldes propios

★ Uso del pastillaje

★ Cómo usar gel para moldes

★ Cómo crear moldes con gel

Consejo

Existen varios tipos de moldes para decoración con pasta de azúcar, pero los ejemplos que verás en este capítulo son con moldes de silicona, que son los más fáciles de encontrar y los más económicos.

El ramo más bonito

Las rosas, los crisantemos y las pequeñas flores que decoran este pastel con forma de pelota fueron hechos con moldes y en muy poco tiempo. Consulta el capítulo sobre Trabajos para ver las instrucciones paso a paso de este pastel y para encontrar las listas de materiales y los pasos para realizar todos los demás pasteles y galletitas que verás en este capítulo.

Moldes de silicona

Existen miles de moldes de silicona aptos para uso alimentario disponibles en el mercado, así que tómate tu tiempo para buscar los que te agraden y sean del tamaño adecuado para los diseños que desees preparar. Todos los moldes de silicona son blandos y flexibles pero pueden variar en calidad. Los que son de baja calidad pueden romperse con mayor facilidad, mientras que los de muy buena calidad pueden soportar distintas temperaturas, no absorben olores y son completamente antiadherentes.

Los moldes hay que manejarlos con cuidado. Cuando retires un diseño de un molde, evita estirar demasiado los laterales. Puedes lavarlos con agua y jabón, o también puedes colocarlos en la rejilla superior del lavavajillas. No intentes secarlos con un paño seco porque se le pueden pegar pelusa de algodón.

Moldes para un solo color

Trabajar con un solo color de pasta es la forma más sencilla de utilizar los moldes.

Las pastas que puedes usar

Es muy sencillo usar los moldes, siempre que elijas la pasta apropiada y con la consistencia adecuada para el molde que hayas elegido.

La fórmula para el éxito en casi todos los moldes es usar una pasta que sea firme. Por mi parte, prefiero la pasta para modelar hecha con goma tragacanto, en vez de CMC (tilosa) (ver la sección sobre Recetas de azúcar). Sin embargo, para los moldes que tienen muchos detalles y recovecos, lo mejor es usar una pasta más blanda para que el molde quede lleno por completo y luego llevarlo al congelador unos 15-30 minutos antes de retirar el diseño. No temas hacer pruebas y practicar con distintas pastas, como mazapán con un poquito de goma para que esté más duro, pasta para flores o chocolate para modelar.

Rojas son las rosas

Rositas y hojas hechas con moldes para un solo color adornan estos cupcakes, que fueron horneados en bonitos moldes de papel floreado.

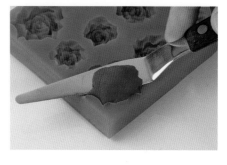

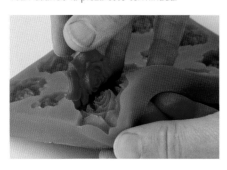

1 Amasa un poco de pasta de modelar para entibiarla, forma una bolita más grande que la cavidad del molde. Coloca la bolita en el molde asegurándote de que su superficie esté perfectamente lisa, porque si aparecen pequeñas juntas es muy probable que se vean cuando la pieza esté terminada.

2 Empuja la pasta dentro del molde haciendo un poquito de presión para que los intersticios más profundos queden bien rellenos. Luego pasa el dedo alrededor de los bordes del molde para rellenarlo por completo.

4 Para retirar la pasta, flexiona el molde con cuidado y despégala.

3 Retira el excedente de pasta con una espátula para pasteles de modo que la parte posterior del molde quede chata. Nota: en algunos moldes no hay que pasarles la espátula para aplanar la parte posterior porque es necesario que queden un poquito inflados para que la pieza esté completa cuando la desmoldes.

Consejo

Si vas a usar un molde grande o de formas muy elaboradas, tal vez te sea más fácil colocar la pasta por partes, presionando con firmeza cada vez para que quede bien adherida.

Moldes para dos colores

Las flores se prestan para ser hechas con moldes, y agregar un centro de distinto color las hace más interesantes. Aquí usé uno de margaritas pero la técnica se puede aplicar a otros moldes.

Consejo

Si no se notan demasiado los detalles en las piezas, fíjate si estás presionando correctamente la pasta o si no está demasiado dura.

1 Amasa un poco de pasta para modelar para entibiarla, luego forma una bolita un poco más pequeña que el centro del molde de flores. Coloca y presiona la bolita en el centro del molde, lo ideal es que no sobresalga del centro para que, cuando apliques el siguiente color, este quede bien delineado. Si es necesario, utiliza el extremo puntiagudo de una herramienta de Dresde para definir su borde.

2 Ahora forma una bolita que sea más grande que la cavidad del molde. Colócala dentro del molde asegurándote de que la superficie de la pasta que va dentro del molde quede bien lisa. Empuja la pasta hacia dentro con fuerza.

3 Retira el excedente de pasta con un cuchillo o espátula para que la parte posterior del molde quede lisa. Luego, con una herramienta de Dresde, asegúrate de que cada pétalo quede bien definido corriendo el excedente de pasta entre cada pétalo hacia el centro.

4 Para retirar la pasta, dobla el molde con cuidado. Si el color del centro de la flor se pasó a los pétalos que lo rodean, la próxima vez tendrás que agregar menos pasta en el centro.

Chancletas con margaritas

En estas divertidas galletitas, el punto focal son unas margaritas hechas con molde, que complementan el diseño de la superficie estampada.

Formas complejas

El secreto para hacer formas de varios colores es usar la cantidad justa de cada color. Te sugiero que hagas varias pruebas para que veas cómo funciona. Con la práctica también aprenderás a elegir el orden de los colores que quieres agregar en una pieza; en general, lo mejor es rellenar primero los intersticios más profundos del molde, pero siempre depende del molde que utilices. Por ejemplo, en este caso, lo primero que hay que agregar es el disco dorado y la espiral de color púrpura, pues son las partes del rostro más pequeñas y las que tienen más detalles.

Maravilla enmascarada

Este diseño se preparó con un molde y luego se pintó para lograr una auténtica máscara veneciana.

1 Presiona una bolita en el centro del molde de modo que no sobresalga de esta parte. Forma un rollito de pasta púrpura y presiona para que encaje en su posición, quita la pasta sobrante y solo deja la punta de la espiral. Si no lo haces, es muy probable que cuando desmontes te encuentres con que la pasta de color púrpura se desparramó sobre el rostro.

2 Forma una bolita de pasta para modelar de color blanco apenas un poco más grande que el rostro y, con un poco de presión, colócala en la parte del rostro. Utiliza una herramienta de Dresde para modelar la pasta y darle forma en el sector del molde que corresponda.

3 Agrega un poco de pasta para modelar de color turquesa claro en uno de los lados del molde, asegurándote de que se acomode bien y de que no sobresalga ni se pase a otro sector. Utiliza la herramienta de Dresde para lograr líneas limpias entre las formas.

4 Prepara un conito de pasta de color azul marino y colócalo en la parte superior. Completa el resto del molde con pasta de color púrpura y presiona con firmeza para asegurarte de que el molde quede bien relleno.

5 Retira el excedente de pasta con un cuchillo o espátula para que la parte posterior del molde quede lisa. Dobla con cuidado el molde para despegar la pieza. Para lograr resultados perfectos, tendrás que practicar varias veces este paso, pero no te desanimes si la primera vez que lo intentas los colores se mezclan.

Marcadores de nervaduras

Los marcadores de nervaduras de silicona son geniales para que las hojas y los pétalos comestibles de tus pasteles adquieran un realismo adicional. Hay cientos de marcadores de nervaduras para pétalos y hojas que podrás probar; el abanico va desde las clásicas rosas hasta las conocidas hojas de bosques, pasando por las exóticas orquídeas. Recuerda que no siempre tienes que ser botánicamente correcto; muchas hojas y pétalos se parecen entre sí, por lo que un marcador puede servir para distintas hojas o pétalos.

Para trabajar con un marcador doble de nervaduras, la mejor pasta que puedes usar es la pasta para flores (ver el apartado sobre Recetas de azúcar); aunque la pasta para modelar, si está firme, también puede funcionar, las hojas o pétalos serán menos sólidos.

Consejo

Trata de colocar las hojas sobre el pastel mientras la pasta todavía tenga cierta flexibilidad, porque, cuando las hojas se secan, se vuelven muy frágiles y es difícil colocarlas.

1 Embadurna la superficie de trabajo con un poco de grasa vegetal para evitar que la pasta se adhiera, luego extiende la pasta para flores de color dorado o un poco de pasta para modelar y recorta hojas utilizando un cortapastas de hojas de un tamaño adecuado. Coloca una lámina de plástico transparente o un paño húmedo sobre las formas el tiempo que necesites para evitar que se resequen.

2 Coloca algunas hojas sobre una plancha de gomaespuma. Toma la esteca de bola y pásala por los bordes de la pasta con la mitad apoyada en la plancha a fin de suavizar los bordes (ver capítulo sobre Herramientas).

3 Luego coloca una hoja dentro de un marcador de nervaduras doble, presiona con fuerza en la parte superior del marcador y luego retira la pasta con la forma ya marcada. En este punto verás si la pasta es del grosor correcto: si la hoja se ve un poquito carnosa entonces la pasta estaba muy gruesa; si la hoja se deshace, la pasta estaba muy delgada.

4 Coloca las hojas sobre un formador de gomaespuma, un molde, o sobre un papel de cocina arrugado y deja que se sequen un poco.

Hojas de otoño

Con los marcadores dobles de nervaduras puedes crear hojas naturales en pocos minutos. ¿No es una gran idea para hacer tu propio pastel otoñal?

5 Utiliza polvos comestibles para colorear las hojas. Toma un pincel seco, aplica en la punta un poco de polvo granate, da unos golpecitos para quitar el excedente y espolvorea los bordes de las hojas. Luego puedes agregar otros colores en el centro de las hojas para que adquieran realismo. Para que los polvos se adhieran, pasa las hojas por vapor con mucho cuidado.

Moldes propios

Hacer tus propios moldes es muy gratificante y económico; no siempre te saldrán perfectos pero te divertirás mucho y te sentirás orgulloso cada vez que un molde te quede bien. Puedes hacerlos con pastillaje o con otros productos para profesionales disponibles en el mercado. Mi producto preferido es el gel para modelar y en las páginas siguientes verás que es muy fácil y rápido de usar, y lo mejor de todo es que es reutilizable.

Galletitas navideñas

Con papel texturado y una cinta tienes la base para hacer moldes de pastillaje, y así es como fueron hechas estas galletitas festivas.

Uso del pastillaje

El pastillaje es una pasta hecha a base de azúcar que se endurece mucho y que es menos proclive a humedecerse que otras pastas (ver el apartado sobre Recetas de azúcar). Esto significa que es la más adecuada para hacer un molde reutilizable.

1 El primer paso consiste en elegir un objeto que nos sirva de molde, lo ideal para este método es que el objeto sea plano pero texturado; en mi opinión, las cintas y el papel texturado son muy apropiados, pero estoy segura de que encontrarás otras alternativas.

2 Tienes que esterilizar el objeto o, mejor aún, bañarlo con algún producto alimenticio que sirva de barrera. Si vas a usar papel texturado, puedes sellar el lado que utilices aplicando una o dos capas de barniz comestible.

3 Extiende un poco de pastillaje sobre una base dura para pasteles. Debes trabajar con rapidez para que el pastillaje no se resquebraje. Coloca el papel sellado sobre la pasta y pasa el rodillo o el pulidor con fuerza. Retira el papel y coloca el pastillaje texturado en un lugar cálido y seco para secar. Este paso puede tardar unos días, así que ten paciencia.

4 Una vez que el molde de pastillaje está completamente seco, estira un poco de pasta de azúcar sobre grasa vegetal y coloca el lado engrasado de la pasta sobre el pastillaje, esto evita que la pasta se adhiera al molde seco.

5 Con un pulidor, presiona sobre la pasta para transferir el diseño; quizá debas probar con cuánta intensidad necesitas presionar, pero que no sea demasiada porque podrías romper el molde.

6 Retira la pasta de azúcar del molde con cuidado, ahora verás que tiene dibujo en relieve. Ya puedes utilizarla para decorar pasteles y galletitas. Guarda el molde en algún lugar que no sea húmedo para volver a usarlo cuantas veces quieras.

Cómo usar gel para moldes

Este producto está concebido especialmente para la industria de la decoración de pasteles, no es tóxico y en caso de ingerirlo es totalmente inofensivo. La ventaja de este producto es que es muy fácil de usar, se puede derretir y reutilizar cuando ya no necesitas el molde o cuando no haya salido bien. Es importante que siempre trabajes sobre una superficie que esté limpísima para evitar que se le pegue cualquier partícula al gel, lo que podría reducir su eficacia. Además, evita que el gel entre en contacto con el agua, ¡jamás intentes lavar tus moldes! El método más sencillo para hacer un molde es trabajar con un objeto que te resulte práctico. Puedes usar botones, joyas, monedas, juguetes o caracolas, como verás en este trabajo.

Caracolas en las olas...

Estas pequeñas conchas y caracolas de azúcar se ven muy reales porque los moldes fueron hechos a partir de caracolas naturales.

1 En primer lugar, debes encontrar un recipiente apto para colocar el gel. Tienes varias opciones: puedes amasar y estirar un poco de arcilla para modelar, pero que no te quede muy delgada, luego coloca el objeto en el centro y levanta los laterales y presiónalos un poquito para que tome la forma de un recipiente; otra opción es hacer un recipiente con papel de aluminio o utilizar un vaso de plástico pequeño o algún cuenco.

2 Derrite el gel siguiendo las instrucciones que indica el producto, y luego viértelo en el recipiente hasta cubrir el diseño por completo. Golpea suavemente el recipiente contra la superficie de trabajo para quitar las burbujas de aire.

3 Déjalo un rato hasta que el gel esté firme: los pequeños moldes tardan entre 5 y 10 minutos; sin embargo, puedes acelerar el proceso si colocas el molde en el congelador hasta que el gel se haya enfriado. Una vez listo, despega el recipiente y retira el objeto del molde. Si el gel se deslizó por debajo del objeto, quítalo con un cuchillo antes de retirarlo.

4 Amasa un poco de pasta para modelar para entibiarla y forma una bolita. Coloca la bolita en el molde que acabas de preparar y presiona con fuerza.

5 Aplana y nivela la pasta con la parte superior del molde con una espátula y luego retira con cuidado. Si te quedó un molde perfecto, repite el paso; de lo contrario, derrite el gel y vuelve a empezar.

6 Una vez que las formitas se hayan secado, diluye algunos colorantes en pasta con algún alcohol claro y luego pinta las piezas como quieras (ver capítulo sobre Pintura).

Cómo crear moldes con gel

Este método te permitirá reproducir con facilidad un objeto que hayas modelado una sola vez y es genial para ahorrar tiempo cuando tienes que decorar muchos cupcakes.

Para crear tu propia forma para confeccionar un molde, necesitarás un poco de arcilla para modelar (tipo plastilina), que puedes conseguir en jugueterías y tiendas de productos para artistas, y algunas herramientas básicas para modelar. Asimismo, deberás decidir un tema para modelar. Tómate un tiempo para investigar y elegir algo que te parezca adecuado. En el ejemplo que ves aquí elegí una tetera, pero existen muchos otros objetos tridimensionales que funcionan muy bien.

Té con cupcake

Crear un diseño a medida para toda una tanda de galletitas o cupcakes lleva mucho tiempo, salvo que hagas un molde.

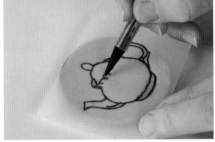

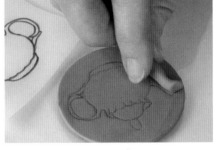

1 Selecciona imágenes de temas que te parezcan interesantes para modelar y readapta los tamaños con la ayuda del ordenador o la fotocopiadora. Elige una. Como en mi caso el molde que elegí es para cupcakes, dibujé círculos alrededor de las imágenes seleccionadas para poder decidir cuál de todos los diseños de una tetera sería el más atractivo para esta forma.

2 Con papel de calcar y un lápiz blando, marca los contornos y características de la imagen. Quita el papel de calcar, dale la vuelta y vuelve a repasar las líneas, salvo que te parezca bien tener una imagen en espejo. Extiende la arcilla para modelar y coloca la forma calcada en la posición correcta y hacia arriba. Transfiere el diseño a la arcilla marcando las líneas con lápiz una vez más.

3 Quita el papel de calcar, ahora ya estás listo para crear tu modelo. Para decidir por dónde empezar, observa tu imagen con atención: debes agregar todas las partes que están más lejos primero y terminar con las que están más cerca. En mi caso comienzo por el pico y el asa, y continúo con la tapa y el cuerpo principal de la tetera.

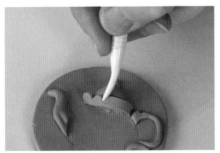

4 Usando el calcado como guía, agrega pedacitos de arcilla, de uno en uno, modelando y extendiendo la arcilla con tus dedos y con las herramientas que te sean de utilidad. A diferencia del azúcar, las piezas de arcilla para modelar se pueden añadir de forma tal que las juntas no se vean.

5 Puedes agregar detalles al modelo usando herramientas para modelar y estampadores. Aquí estoy usando una herramienta de Dresde para agregar un borde a la tetera. Las rosas sobre el cuerpo de la tetera fueron hechas con formitas estampadas (ver capítulo sobre Estampado).

6 Una vez que el modelo está listo, agrega tiras de arcilla alrededor del modelo para hacer un recipiente. Derrite el gel y viértelo sobre el modelo hasta cubrirlo. Una vez consolidado el molde, despega el modelo del recipiente. El molde ya está listo para usar.

Joyería en pasteles

Las joyas en los pasteles añaden un toque de brillo y lujo a los pasteles: úsalas solas o combinadas con adornos de azúcar para atraer la atención de todos hacia estas piezas únicas. Crear piezas de joyería para pasteles es una tarea muy entretenida. El mundo de los abalorios es muy seductor con todos esos colores, formas, opciones y posibilidades maravillosas. Si no has trabajado anteriormente con joyería en pasteles, este capítulo comienza con algunas técnicas introductorias. Si te sientes inspirado para hacer una corona para un pastel, aquí se han incluido varias técnicas útiles: solo tienes que elegir las que más te gusten.

Contenidos del capítulo

Una guía de alambres y abalorios

- ★ Herramientas y materiales esenciales
- ★ Alambres
- ★ Abalorios

Guirnaldas

Fuentes simples

Formas en aluminio

- ★ Espirales
- ★ Corazón en espiral
- ★ Seguir una plantilla

Coronas

- ★ Elementos retorcidos simples
- ★ Múltiples abalorios en un alambre retorcido
- ★ Abalorios en un tallo
- ★ Abalorios impactantes
- ★ Sujetar abalorios con chafas
- ★ Espirales de alambre
- ★ Montar coronas

Gloria coronada

Las joyas añaden un valor añadido a los pasteles: la corona glamurosa de este pastel lo transforma en un diseño opulento. Mira el capítulo sobre Trabajos para las instrucciones paso a paso de este pastel, así como las listas de materiales y las instrucciones para todos los pasteles incluidos en este capítulo.

Una guía de alambres y abalorios

Antes de apresurarte a crear tu primera pieza de joyería para pasteles, vale la pena que eches un vistazo a esta breve introducción para que te familiarices con lo básico.

Herramientas y materiales esenciales

Tener las herramientas y el equipo adecuados siempre hace que el trabajo sea más sencillo.

- **Alicates de corte:** son vitales, ya que no querrás echar a perder unas tijeras.
- **Pinzas para joyería:** esenciales para crear fuentes y algunos elementos de las coronas para pasteles.
- **Pinzas de punta redonda:** se usan para hacer espirales, por lo que solo las necesitarás si decides intentar hacerlas.
- **Alfombrilla:** para trabajar con abalorios: es fantástica y un invento prácticamente nuevo. Si se te cae un abalorio en la alfombrilla no rueda sino que permanece en ella.
- **Pegamento:** necesitarás un pegamento para bisutería fuerte, a base de acrílico que no sea tóxico. Lo puedes encontrar en la mayoría de las tiendas de manualidades.

Alambres

Mucha gente encuentra confusos los alambres, así que aquí los dividiremos en grupos para desmitificarlos. Es muy importante que uses el alambre adecuado para lograr lo que deseas realizar. Algunos alambres son intercambiables, mientras que otros no lo son. Hay dos parámetros que se deben tener en cuenta cuando eliges un alambre:

- **El material fundamental del alambre:** ya que esto habla de su resistencia. Por ejemplo, un cable de acero es mucho más resistente que uno de cobre del mismo grosor.
- **El tamaño o el grosor del alambre:** por ejemplo, el calibre o diámetro.
- **Los hilos y alambres:** se miden por calibre y diámetro; sin embargo, estas medidas varían según el lugar donde vivas o donde el hilo fue fabricado. En Europa, los alambres se mides según el calibre estándar para alambres (*standard wire gauge*, o swg) y en milímetros (mm), y en Estados Unidos se miden según el calibre americano para alambres (*american wire gauge* o Awg) y en pulgadas (in).

★ **Nota:** A lo largo de este capítulo se usarán el calibre europeo y los diámetros métricos; para convertirlos, ver la tabla de conversión en la página siguiente.

Alicates de corte

Pegamento para joyería

Alicates de punta redonda

Alicates para joyería

Consejo

Todas las joyas para pastel se deben retirar al momento de cortar el pastel. Nunca pegues abalorios no comestibles o cristales directamente sobre el glaseado del pastel.

Alambre para flores

Alambre para artesanía de color de 0,3 mm

Alambre para bisutería calibre 28

Alambre de plata

Alambre de aluminio

Alambre para artesanía de color de 0,5 mm

Tabla de conversión del calibre de alambres

Alambre	Métrico (mm)	Calibre estándar (swg)	Calibre americano (in)
Alambres / Alambres flexibles para artesanía			**Finos**
de plata	0,315	28	0,012
para artesanía de 0,3 mm	0,315	28	0,012
para bisutería de 28	0,315	28	0,012
para joyería de 0,4 mm	0,4	26	0,015
Alambres intermedios			
para flores calibre 24	0,5	24	0,020
para artesanías de 0,5 mm	0,5	24	0,020
para bisutería de 0,6 mm	0,6	22	0,025
Alambres fuertes			
para joyería de 1,2 mm	1,2	16	0,050
Alambres de aluminio			
1,5 mm	1,5	15	0,0571
2 mm	2	12	0,0808 **Gruesos**

★ Alambres para atar y/o flexibles para artesanía:

Estos son alambres blandos que se usan para la creación de coronas o guirnaldas de abalorios para pasteles. Incluyen:

• **Alambre de cobre para artesanía de 0,3 mm:** un alambre flexible maravilloso, esmaltado en una amplia gama de colores.

• **Alambre para bisutería calibre 28:** tiene un centro de acero que puede resultar áspero para los dedos.

• **Alambre de joyería de 0,4 mm:** un poco más rígido que el anterior pero ideal si quieres un efecto más fuerte, aunque no es aconsejable para principiantes.

• **Alambre de plata:** un alambre retorcido que se usa para muchas artesanías; este es el que elijo para hacer las guirnaldas de cuentas.

★ Alambres intermedios

Son alambres más resistentes que pueden cargar algo de peso. Sirven para crear bases para pasteles, decorar la parte superior de los pasteles y los elementos de las coronas para pastelería, como por ejemplo las espirales.

• **Alambre recto de acero para flores, recubierto de papel:** está disponible en varios diámetros, pero se recomienda el de 0,5 mm para las bases de los pasteles. Este alambre no sirve para las coronas de los pasteles.

• **Alambre de colores para artesanía de 0,5 mm y alambres para joyería de 0,6 mm:** son ideales para sostener los abalorios en las coronas. Este alambre también es lo suficientemente delgado para pasar a través de los agujeros de la mayoría de los abalorios, por lo que se presta para la decoración de los pasteles con bisutería. La diferencia entre ellos es que el alambre para artesanía tiene un centro de cobre, de modo que es más flexible, mientras que el alambre para joyería tiene un centro de acero, que lo hace más rígido.

★ Alambres resistentes:
Son rígidos para usar en la base de las coronas.

• **Alambre para joyería de 1,2 mm:** este es el alambre que sirve para agregar elementos a la corona de tu pastel. Es un alambre ideal para los principiantes porque mantiene su forma. Sin embargo, a medida que adquieras más experiencia, verás que el alambre de aluminio es más fácil de usar.

★ Alambres de aluminio:
Están disponibles en varios grosores pero para la decoración de pasteles recomiendo los

de 1,5 mm y 2 mm. Estos alambres son fáciles de manipular ya que se pueden doblar hasta alcanzar la forma que se quiera; también vienen en una creciente variedad de colores, lo que abre un sinfín de posibilidades para la decoración de pasteles.

Abalorios

Los abalorios se pueden usar para complementar el diseño de un pastel o bien como principal objeto de decoración de un pastel. Hay una inmensa variedad de abalorios disponibles, que vienen de todas partes del mundo, desde los más económicos de plástico a los más costosos de cristal: tu elección para cada trabajo dependerá de tu presupuesto y del efecto que buscas.

★ Tamaños
Los abalorios vienen en una escala de tamaños que va desde los del tamaño de una pequeña semilla hasta grandes cuentas diseñadas para ser usadas como pendientes. Los abalorios de 6 mm y 8 mm suelen ser los más usados en la joyería para pasteles, aunque también se usan abalorios más pequeños como las «rocallas japonesas» de cristal para añadir chispas, y algunos más grandes que sirven para crear puntos focales de interés.

★ Formas
Los abalorios no son todos redondos; existe una amplia variedad de formas. Las cuentas redondas son las más comunes para la joyería de pasteles, aunque las que tienen forma de corazones, estrellas y cristales tallados son de gran utilidad.

★ Combinación de colores
La joyería para pasteles es más efectiva cuando refleja los otros colores que se han usado en el pastel, incluido el glaseado, de modo que, por ejemplo, si un pastel está recubierto con pasta de azúcar de color marfil sería una buena opción contar con algunas perlas de ese tono en la bisutería para unificar el diseño. La combinación y el contraste de esquemas de colores también funcionan bien. Recomiendo usar unas seis tonalidades distintas, sin embargo, esto es solo una guía, no hay nada correcto ni incorrecto.

★ Selección de abalorios
Una buena idea es colocar las cuentas que has elegido para un trabajo en un mantelito para ver cómo quedan juntas. Esto también te permitirá agregar o quitar cuentas para lograr un equilibrio agradable entre los colores y las formas.

Guirnaldas

Si nunca has hecho joyería para pasteles anteriormente, las guirnaldas
son un buen comienzo, ya que son fáciles de crear y quedan muy bonitas
en la base de un pastel.

1 Escoge tu selección de abalorios: necesitarás varios tamaños y colores y un poco de alambre para cuentas, ya sea alambre para artesanía de 0,3 mm, alambre de plata o similar, en el color que corresponda. Enhebra las cuentas en el alambre pero no cortes el alambre del riel todavía.

2 Sostén la última cuenta enhebrada en una mano y el alambre que está a cualquiera de los dos lados de la cuenta, en la otra mano. Retuerce la cuenta sobre el alambre hasta que la punta de este quede enrollada.

3 Deja un espacio y gira la próxima cuenta una vuelta y media para asegurarla en su lugar. Haz lo mismo con los abalorios restantes. Puedes variar el espacio entre las cuentas para evitar que se apiñen cuando las coloques alrededor del pastel. Una buena norma es que cuanto más pequeños sean los abalorios, más cerca los unos de otros deberás retorcerlos.

4 Cuando hayas retorcido las cuentas en el alambre, corta el extremo del riel y retuércelo para formar la guirnalda. Controla que tenga el largo suficiente como para dar varias vueltas enteras alrededor de la base del pastel. Si es larga, haz otra guirnalda más pequeña. Arréglala de manera natural alrededor de la base del pastel y sujétala entretejiendo sus extremos.

Consejo

Por lo general, las guirnaldas deben dar tres vueltas alrededor del pastel. Sin embargo, esto depende de los abalorios que hayas elegido, así que haz pruebas para determinar tu preferencia.

Toda vestida

Una simple guirnalda alrededor de la base de este minipastel eleva el diseño hacia una nueva dimensión.

Fuentes simples

Una fuente de joyas le da un toque maravilloso de encanto y esplendor a un pastel, perfecto para una ocasión especial. No es una tarea difícil: necesitarás abalorios, alambre para flores de 0,5 mm y un poco de pegamento para bisutería. Te aconsejo preparar las fuentes en dos etapas para permitir que el pegamento se seque.

Fuente fabulosa
Una fuente de cuentas resulta un acabado sensacional para este encantador pastel floral de dos pisos.

1 Elige abalorios que combinen o complementen tu pastel. Pon un poco de pegamento para joyería sobre tu superficie de trabajo. Sumerge el extremo del alambre en el pegamento, pon una cuenta sobre el pegamento y déjalo secar horizontalmente.

2 Usa un palillo para poner una pizca de pegamento en el alambre para una cuenta más alejada del extremo. Enhebra la cuenta para que descanse sobre el pegamento. Repite a lo largo del alambre hasta lograr el efecto deseado. Prueba con distintas combinaciones de abalorios y prepara de tres a seis ejemplares de cada uno de los tipos que hayas elegido y una más para el centro. Recomiendo usar unos 25 alambres en total.

Consejo

Cuantas más cuentas uses, menos alambres necesitarás: cuando vayas a arreglarlas, ten en cuenta que es más sencillo hacerlo con unos alicates en lugar de usar los dedos.

3 Encuentra el centro del piso superior doblando un círculo de papel del mismo tamaño del pastel a la mitad y luego dobla esa mitad al medio, luego colócalo sobre la superficie del pastel. Marca el centro con un alfiler donde los pliegues se cruzan. Pon un capuchón para ramilletes de manera vertical en el centro del pastel hasta que su superficie quede apenas por debajo de la superficie de la pasta de azúcar: no se deben clavar los alambres directamente dentro del pastel. Agrega un poco de cinta adhesiva en plastilina para asegurar los alambres.

4 Con cuidado, curva los alambres enrollándolos alrededor de un cilindro. Corta los alambres con un largo adecuado para tu pastel e insértalos en el capuchón.

5 Crea la forma básica de la decoración, en primer lugar, poniendo algunos alambres curvos del mismo largo alrededor de la base de la fuente y luego agrega el alambre central erguido para definir la altura. Rellena los espacios con los alambres restantes: asegúrate de que queden uniformemente espaciados.

Formas en aluminio

Se pueden crear decoraciones sorprendentes de manera muy sencilla: doblando alambre de aluminio coloreado para hacer distintas formas. Pon un capuchón en el pastel y organiza las formas que hayas preparado. ¿Cómo lograr algo alucinante? Aquí veremos algunas ideas simples, no obstante, este alambre es tan maleable y fácil de usar que estoy segura de que podrás hacer realidad tus propias ideas ¡y en muy poco tiempo!

Espirales

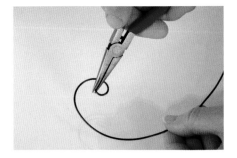

Corta segmentos largos de alambre de aluminio, sostén el centro del alambre con tus dedos o con alicates para joyería y dobla el alambre hasta formar una espiral amplia. Haz pruebas para ver cuán amplia o apretada prefieres la espiral.

Corazón en espiral

Enrolla los extremos de dos segmentos largos de alambre y luego enróscalos para crear la forma de un corazón. Inserta los extremos en un capuchón.

Sueños de libélula
Los alambres en espiral conforman el centro de atención de este diseño inusual y hacen eco del motivo del insecto sobre el lateral.

Seguir una plantilla

Las plantillas te permiten repetir las formas con facilidad y te ayudan a mantener la simetría de los contornos. Dibuja una plantilla en un cartón. Cuando pruebes con formas de tu propia creación, hazlas simples y usa líneas continuas.

1 Para crear un círculo perfecto y ajustado al final del alambre que hayas elegido, sujeta uno de los extremos del alambre con tus alicates de punta redonda y envuelve el alambre alrededor de uno de los lados de los alicates.

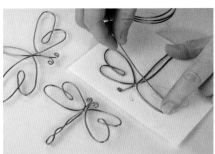

2 Pon el alambre sobre la plantilla. Presiona el círculo con un dedo mientras doblas el alambre siguiendo las líneas de la plantilla con la otra mano. Cambia la posición del dedo que hace presión contra la plantilla todas las veces que sea necesario.

Coronas

Una corona de joyas sobre la parte superior o en la base de un pastel puede transformar una decoración muy simple en una obra maestra sorprendente. Las coronas se pueden preparar con bastante anticipación para cierta ocasión y sacarlas a la luz en último momento. Hay muchas formas de decorar una corona: las páginas que siguen describen una variedad de ideas con distintos elementos para que puedas empezar y luego te muestran cómo unirlo todo.

Buceando en busca de perlas

Este pastel burbujeante presenta una corona con perlas enrolladas alrededor de la base que lo transforma en un diseño original.

Elementos retorcidos simples

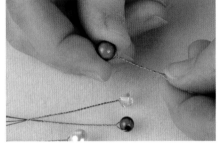

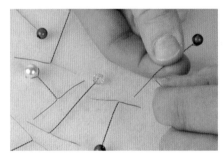

1 Toma una cuenta y enhébrala en un segmento largo de alambre para artesanía coloreado de 0,3 mm. Con el pulgar y el índice de una mano, sostén la cuenta en el medio del alambre y luego une los extremos del alambre con el pulgar y el dedo índice de tu otra mano para fijar la cuenta en su lugar.

2 Retuerce la cuenta reiteradas veces y deja que el alambre gire lentamente en tu otra mano para lograr una torsión uniforme.

3 Retuerce el alambre hasta que tenga un largo apropiado y luego separa los alambres para formar una «T». Hazlo tantas veces como sea necesario.

Múltiples abalorios en un alambre retorcido

Consejo

El secreto de una torsión uniforme es soltar el alambre con una presión sostenida.

1 Retuerce un abalorio en un alambre de 0,3 mm como vimos anteriormente. Finaliza la torsión a 1 cm del extremo. Enhebra más cuentas en el alambre retorcido y luego separa los alambres para formar una «T».

2 Con el alambre retorcido, forma un zigzag: los dobleces del zigzag sostienen las cuentas a distintas alturas. Hazlo tantas veces como sea necesario.

Abalorios en un tallo: Enhebra varios abalorios en un segmento largo de alambre de 0,3 mm. Lleva las cuentas al centro del alambre y, con el pulgar y el dedo índice de una mano, sostén las cuentas en su lugar mientras unes los alambres con el pulgar y el dedo índice de tu otra mano para que queden fijas. Retuerce los abalorios varias veces mientras dejas que el alambre en tu otra mano gire en tus dedos para obtener una torsión uniforme. Hazlo tantas veces como sea necesario.

Abalorios impactantes

Se pueden usar para montar coronas o para insertarlos en un capuchón como alternativa decorativa.

1 Corta segmentos largos de alambre para artesanías coloreado de 0,5 mm. Toma un segmento y sujeta uno de los extremos del alambre con unos alicates de punta redonda y envuelve el alambre alrededor de uno de los lados de los alicates para crear un círculo perfecto en el alambre.

2 Pon un poco de pegamento para joyería sobre el alambre al lado del círculo y enhebra un abalorio sobre el pegamento. Sécalo y repite tantas veces como sea necesario. Cuando el pegamento se haya secado, mide 2,5 cm desde el extremo de cada alambre y dóblalo para formar una «L».

Sujetar abalorios con chafas

Las chafas son pequeñas cuentas de metal que se ajustan para sostener los abalorios en su lugar en un alambre. Usa esta técnica para crear los elementos que conforman una corona o cualquier decoración que vaya en la parte superior de un pastel.

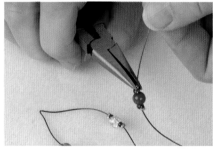

1 Enhebra una chafa seguida de una cuenta o de varias cuentas y otra chafa en un alambre para artesanías de 0,5 mm. Con unos alicates, ajusta la primera chafa para sujetarla en su lugar.

2 Levanta el alambre y deja que las cuentas y la chafa libre se deslicen por él para que queden pegaditas a la chafa ajustada. Aplasta la segunda chafa para asegurar todas las cuentas en su lugar.

Paraíso rosado

Las cuentas que se han usado en la corona que está alrededor de la base de este minipastel y los abalorios impactantes de la parte superior combinan a la perfección con los colores de la pasta.

Motivos abstractos

Los alambres se pueden doblar para crear formas abstractas así como espirales uniformes. Las chafas te permiten fijar las cuentas en el lugar que quieras, como en este ejemplo.

Espirales de alambre

Se pueden crear diseños muy interesantes para coronas solamente con alambre. Aquí veremos un ejemplo que funciona bastante bien.

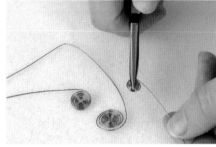

1 Corta alrededor de 25 cm de alambre para artesanía de color de 0,5 mm, sujeta uno de los extremos del alambre con unos alicates de punta redonda y envuelve uno de los lados de los alicates con el alambre para crear un círculo perfecto.

2 Sostén el círculo horizontalmente con unos alicates y con tu mano libre empuja el alambre en dirección contraria a ti para enrollarlo alrededor del círculo. Recoloca el círculo y envuélvelo aproximadamente un cuarto de círculo antes de recolocarlo otra vez. Sigue enrollándolo hasta alcanzar el tamaño deseado. Dobla el extremo para formar una «L» y ponlo en la corona.

Montar coronas

Para unir todos los elementos de la corona, necesitarás alambre para artesanía de color de 0,3 mm y un alambre base para sujetar el resto de los elementos. Elige un alambre para joyería bien resistente (para principiantes) o un alambre de aluminio (más sencillo de usar si tienes práctica en la sujeción de los elementos).

Gloria de coronación

La corona que está en el pastel que vimos al principio de este capítulo se hizo con los pasos que explicaremos aquí.

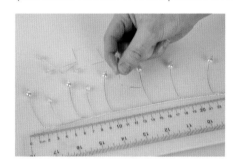

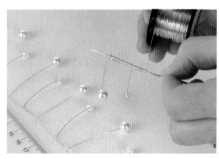

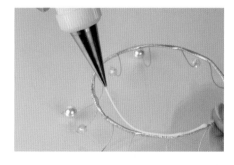

1 Decide la circunferencia de la corona y corta un segmento de alambre base según esa medida o un poquito más largo todavía. Endereza el alambre y piensa en la ubicación de los elementos, asegurándote de que los diseños repetidos mantengan una distancia uniforme. Planear previamente las coronas te permitirá saber si has creado suficientes elementos.

Consejo

Si no estás satisfecho con la unión, agrega una pequeña guirnalda de cuentas alrededor del alambre base para que quede más interesante y para ocultar cualquier imperfección.

2 Empieza por uno de los extremos. Sujeta una de las formas en «T» o «L» al alambre base que has preparado y con un alambre de 0,3 mm sujeta los dos lados de la forma «T». Fija la siguiente «T» en su posición correspondiente y sigue trabajando alrededor del alambre.

3 Continúa con este proceso para agregar formas en «T», una al lado de la otra cada pocos centímetros. Para unir la corona, avanza hasta llegar al otro extremo del alambre y luego pon un extremo al lado del otro o superpón una fracción de ambos extremos del alambre base y sigue sujetando las «T» hasta alcanzar el punto de inicio.

4 De ser necesario, ajusta la estructura de la base de la corona para crear un círculo; una técnica muy útil para hacer esto es utilizar una base para pasteles. Para sujetar la corona al pastel, usa una glasa real coloreada que combine con tu pastel y aplícala con una manga sobre la parte de abajo de la corona. Pon la corona en el centro de la parte de arriba del piso superior del pastel. Toma un pincel húmedo y corrige la glasa si hace falta. Deja que se seque.

Trabajos

★ Obra de arte moderno
Capítulo sobre Tallado, pág. 33

Necesitarás:

- Pasteles redondos de 7,5 cm de alto: 25,5 cm, 18 cm y 10 cm
- Base soporte redonda para pastel de 30,5 cm
- Bases duras y redondas para pasteles: 18 cm, 12,5 cm y 6,5 cm
- Pasta de azúcar: 3 kg de blanca
- Pasta para modelar: 100 g de roja, 75 g de rosa, 60 g de negra, 50 g de púrpura, amarillo, verde, celeste, blanca y 25 g de azul marino
- Paños húmedos o bolsas plásticas transparentes
- Selección de cortapastas redondos y boquillas PME n.º 16, 17 y 18
- Cúter
- Regla y escuadra
- Cortador de cintas de varios tamaños (FMM)
- Glasa real
- Pegamento de azúcar
- Cinta negra ancha de 15 mm

Instrucciones:

1 Talla los pasteles siguiendo las instrucciones de las págs. 36-37.

2 Pon cada pastel en la base que le corresponda y sobre papel de horno. Por separado, cubre los pasteles

y la base con pasta de azúcar blanca. Deja que se seque.

3 Con las varillas, sujeta los dos pisos de abajo a la base recubierta y asegúralos en su lugar con glasa real.

4 Extiende las pastas para modelar entre espaciadores y cúbrelas con un paño húmedo.

5 Corta varias formas con lados rectos, con la ayuda de una regla y un cúter. Empezando desde la base de cada piso, ubica las formas en el pastel usando pegamento de azúcar. Ya sobre el pastel, ajusta el tamaño, el encajado y los ángulos de las formas todo lo que sea necesario, usando el cúter y la regla. Ayúdate con los pasos de la pág. 73 ya que muchas formas deben ensamblarse a la perfección unas con otras.

6 Crea círculos concéntricos usando los cortapastas redondos, como puedes ver en la pág. 74, y pon círculos enteros o parciales a tu gusto en el pastel.

7 Agrega más piezas incrustadas, como en mi pastel o valiéndote de las obras de Kandinsky para una mayor inspiración.

8 Corta tiras delgadas de pasta negra para modelar con el cortador de cintas. Déjalas secar un poco y luego colócalas en el pastel con la ayuda de una regla para asegurarte de que queden bien rectas. Recorta los tamaños que necesites con un cúter.

★ Corazón de parches
Capítulo sobre Color, pág. 39

Necesitarás:

- Pastel redondo de 20 cm
- Base soporte redonda para pastel de 30,5 cm
- Pasta de azúcar: roja, negra, crema, marrón, blanca
- Pasta para modelar: rosa, negra, blanca,

combinación de cremas y marrones, roja
- Plantillas: diseño superior de peonía (LC), diseño superior de hojas (DSC357)
- Cúter
- Herramienta de Dresde
- Plantilla de silueta (ver pág.157)
- Encaje
- Pasta comestible de color negro
- Papel de cocina
- Cortapastas: cortapastas del zapato (LC), set de cortapastas circulares (set geométrico FMM), boquillas PME n.º 4, 16 y 18
- Moldes: crisantemo clásico (FI – FL271), set de mil flores (FI – FL107)
- Cinta color crema de 15 mm de ancho

Instrucciones:

1 Cubre la base para pastel con pasta de azúcar color crema y estampa con la plantilla de hojas.

2 Talla el pastel como se muestra en pág. 34.

3 Cubre el pastel por secciones. Con pasta de azúcar crea millefiori en rojo y negro (ver pág. 45), ordena las tiras de pasta hasta lograr un efecto piel de animal, y coloca todo en el pastel como se ve aquí.

4 Haz una pasta levemente marmolada crema y marrón (ver pág. 42), y estira y estampa con la plantilla de peonía. Recorta un círculo de esta pasta y aplícalo sobre el pastel entre las secciones de piel de animal roja y negra.

5 Estampa un poco de pasta de azúcar blanca con el encaje y ponla en la parte superior del corazón.

6 Prepara otro poco de pasta de azúcar marmolada de color crema y marrón, y úsala para cubrir la parte superior derecha del corazón. Con la herramienta de Dresde, dale textura a la pasta para que parezca de tela.

7 Cubre la zona restante de blanco. Luego prepara una pieza de pasta de azúcar a lunares blanca y negra como se ve en la pág. 43 y úsala para hacer el marco de un dibujo.

8 Pinta el encaje de pasta de azúcar con pasta comestible negra y cuando esté seca, usa el papel de cocina para revelar el diseño, como se ve en la pág. 50.

9 Agrega la decoración. Haz flores con los moldes (ver págs. 115-116), luego recórtalas y agrega la silueta con un cúter y la plantilla de la pág. 157. Aplica tiritas blancas y negras (ver pág. 44). Pon unos botones hechos con pasta para modelar marmolada y un zapato rosa hecho con la pasta millefiori (ver págs. 42 y 45). Por último agrega fruncidos, que puedes hacer doblando la pasta para modelar marmolada, previamente estirada bien finita.

★ Amapolas perfectas
Capítulo sobre Pintura, pág. 47

Necesitarás:

- Pastel redondo de 12,5 cm
- Base redonda para pasteles de 13 cm
- Pasta de azúcar: 500 g blanca y roja
- Pasta para modelar: negra, verde
- Pasta para flores: 25 g roja, más un poco de negra y verde
- Pasta comestible de colores: roja, negra
- Tinta comestible negra
- Cortapastas: de amapola grande (LC), remolinos (PC)
- Marcador de nervaduras de pétalos de amapola (GI)
- Pistola de repostería
- Boquillas: PME n.º 1
- Glasa real: negra, blanca
- Manga (pastelera)
- Pincel y esponja natural
- Formador de flores
- Papel de cocina
- Esteca con rueda y alfombrilla de gomaespuma
- Rueda de corte (PME) y pinzas
- Cinta negra de 15 mm de ancho

Instrucciones:

1 Haz la amapola siguiendo las instrucciones de la pág. 81.

2 Cubre el pastel con la pasta de azúcar blanca y el tambor con pasta de azúcar roja y deja secar.

3 Diluye pasta comestible de color rojo y pinta cinco formas de luna creciente alrededor del lateral del pastel para crear la base de cada amapola. Al instante toma una esponja natural húmeda y úsala para difuminar el color hacia el centro de cada flor. Mira la pág. 49 para más instrucciones.

4 Cuando esté seco, dibuja los pétalos de la amapola y los estambres con un rotulador de tinta negra comestible, ver pág. 51.

5 Agrega una mayor definición al borde inferior de cada amapola con una tira delgada de pasta para modelar usando la pistola de repostería con una boquilla n.º 1.

6 Agrega un tallo verde a cada amapola usando la pistola de repostería con un disco pequeño y redondo. Con la manga, haz puntos de glasa real negra sobre cada uno de los estambres.

7 Pon el pastel sobre una base para pasteles, agrega una tira de pasta para modelar negra en la junta usando la pistola de azúcar, como hicimos antes.

8 Corta seis espirales grandes y una espiral pequeña de pasta para modelar negra. Deja que se pongan levemente rígidas y agrega una grande y otra pequeña en la parte superior del pastel. Recorta las espirales restantes para que encajen bien alrededor de la base del pastel y ponlas en su lugar.

9 Con la manga, haz puntitos con glasa real blanca alrededor de los bordes exteriores de las espirales.

★ Sombrereras apiladas
Capítulo sobre Plantillas, pág. 57

Necesitarás:

Para los pasteles:

- Pasteles redondos: 25,5 cm, 20 cm, 15 cm
- Bases redondas de cartón para pasteles: 25,5 cm, 20 cm, 15 cm
- Base soporte redondo para pastel de 35 cm
- Pasta de azúcar: 1,6 kg rosa pálido (base, piso superior) púrpura (piso inferior); 500 g rosa pálido (piso del medio) y granate (piso del medio)
- Pasta para modelar: 225 g rosa pálido, 175 g rosa más pálido, 50 g púrpura y granate
- Colorantes comestibles en polvo: rosa (rose SK), granate (ciclamen SK), púrpura (violet SK), rosa pastel (DS) y súper blanco (DS)
- Glasa real
- Plantillas: diseños para los laterales de los pasteles de damasco (DS), hojas (DS), y rosas chic (DS)
- Kit para la fijación de las plantillas laterales
- Cortapastas de cintas de varios tamaños (FMM)
- Pistola de repostería
- Cinta color granate de 15 mm de ancho

Para las peonías:

- Pasta para flores: 150 g granate, 25 g verde
- Colorantes comestibles en polvo: rosa (rose SK), púrpura (violet SK), verde
- Cortapastas de flores grandes (OP – F6C)
- Marcador de nervaduras varias (HP)
- Bolillo y alfombrilla de gomaespuma
- Marcador de nervaduras de peonía (GI)
- Formador de flores

Instrucciones:

1 Cubre la base del pastel con 800 g de pasta de azúcar rosa pálido; estampa usando el diseño de rosa circular y un pulidor. Recorta a medida.

2 Pon cada pastel en su base y cúbrelos en dos secciones como se muestra en la pág. 27, empezando por los lados antes que la parte superior: para obtener bordes precisos hasta la cima del pastel y que las juntas se cubran después con el borde de las tapas.

3 **Para el piso inferior:** Levanta el pastel o ponlo boca abajo y ubica la plantilla para que el diseño comience desde la base del pastel, usando un kit de fijación para el lado. Aplica la plantilla en el lateral usando una glasa real blanqueada con colorante en polvo súper blanco y teñido con polvo granate. Repite y enmascara según sea necesario (ver pág. 65).

4 **Para el piso del medio:** Estira la pasta para modelar de color rosa pálido hasta formar una tira lo bastante larga para que dé la vuelta entera al pastel. Aplica la plantilla de hojas en la tira usando polvos comestibles para colorear (ver pág. 60). Recorta una tira larga y recta. Pinta el lateral con pegamento, y con cuidado, y con un par de manos extra a ser posible, transfiere la pasta ya decorada al pastel.

5 **Para el piso superior:** Usa una tira de pasta para modelar como en el piso del medio pero aplica el diseño de la plantilla con glasa real (ver pág. 64).

6 Agrega los bordes coloreados de las tapas a todas las sombrereras estirando la pasta de azúcar hasta formar largas tiras de un grosor uniforme de 5 mm. Recorta las tiras con el cortador y ponlas en su lugar.

7 Arregla el borde superior de cada pastel usando pasta para modelar y la pistola de repostería con un disco para cintas medio. Agrega las cintas de pasta para modelar, y recórtalas.

8 Sujeta los pasteles con las varillas a la base, y deja lugar para la peonía.

9 Haz dos peonías y cuatro juegos de hojas (ver págs. 82-83) y ponlas en el pastel y en la base para terminar.

★ Hermosa en rosa
Capítulo sobre Plantillas, pág. 63

Necesitarás:

- Pastel redondo de 12,5 cm
- Base redonda para pasteles de 20 cm
- Pasta de azúcar: 500 g de rosa y de rosa color clarito
- Peonía de azúcar rosa (ver págs. 82-83)
- Glasa real
- Colorante comestible en pasta de color rosa
- Plantillas: diseño de peonía para la parte superior del pastel (LC), diseño de peonía para los laterales (LC)
- Kit para fijar la plantilla lateral
- Cinta rosa oscuro de 15 mm de ancho

Instrucciones:

Por separado, cubre el pastel y la base con la pasta de azúcar rosa bien clarito y rosa. Aplica las plantillas en la parte superior y en los laterales del pastel con la glasa real, previamente coloreada con el colorante comestible en pasta rosa, como puedes ver en las págs. 63-64. Pon la peonía de azúcar sobre el pastel para terminar.

★ El poder de las flores
Capítulo sobre Cortapastas, pág. 69

Necesitarás:

- Pasteles redondos: 20 cm, 15 cm y 10 cm
- Base soporte redonda para pastel de 30,5 cm

- Bases redondas de cartón para pasteles: 20 cm, 15 cm y 10 cm
- Pasta de azúcar: 1,5 kg blanco, 1 kg rosa
- Pasta para modelar: 200 g rosa, 150 g celeste, 125 g amarillo, 75 g verde lima, 25 g de cada uno de los siguientes: azul oscuro, blanco y rojo, 15 g verde oscuro
- Cortapastas: redondo, de corazones (LC), set de flores planas (LC), flores planas y grandes(LC), set de pétalos y arabescos(LC), estampa del centro de la margarita (JEM), flores de fantasía (PC), margaritas (PME)
- Plantillas: diseño de arabescos y flores japonesas (LC), círculo floral chino (LC)
- Glasa real
- Boquillas: PME n.º 2, 4, 16, 17 y 18
- Manga de pastelería
- Pistola de repostería
- Cinta rosa fuerte de 15 mm de ancho

Instrucciones:

1 Pon cada pastel sobre su base de cartón correspondiente y luego cúbrelos por separado con pasta de azúcar blanca.

2 Cubre la base soporte del pastel con pasta de azúcar rosa. Déjalo secar.

3 Sujeta los pasteles con varillas a la base soporte para pasteles ya recubierta.

4 Aplica una tira de pasta para modelar rosa de 4 cm de ancho en la base soporte del pastel.

5 Estampa un poco de pasta para modelar azul, estirada bien finita, con la plantilla de la flor japonesa y los arabescos. Corta círculos grandes con el cortapastas redondo y recórtalos para que encajen bien con la tira rosa y entre ellos.

6 Estira una tira de pasta de azúcar verde lima de 7,5 cm de ancho entre separadores. Con el cortapastas, quita parte de los círculos hasta formar un borde largo para que puedas encajar los círculos azules con la tira. Es probable que la tira se estire un poco al levantarla. Una vez colocados sobre el pastel, toma algunos cortapastas circulares más pequeños y quita parte de los círculos en el borde superior para que la banda verde lima cubra la unión entre los dos pisos inferiores y empiece a subir sobre el lateral del piso del medio.

7 Usa una pistola de repostería con un disco redondo pequeño para agregar una tira de pasta para modelar roja sobre el borde superior de los círculos azules.

8 Crea ocho flores en el piso base usando los pétalos del set de pétalos y arabescos, el set para cortar las flores planas más grandes y el estampador del centro de la margarita, siguiendo las técnicas de la

---

pág. 72. Aplica los elementos de las distintas capas de las flores directamente sobre el pastel, variando las alturas y las posiciones de los pétalos.

9 Para el piso del medio, prepara cinco flores más grandes y cinco más chicas: usa los corazones para los pétalos externos, las flores de fantasía para los pétalos internos y las flores planas y el estampador del centro de las margaritas para las flores más grandes. Estampa la pasta celeste con la plantilla de flores circulares chinas. Agrega los elementos de las distintas capas de las flores directamente sobre el pastel, variando las alturas y las posiciones de los pétalos.

10 Añade un cordón de margaritas amarillas a la base y extráeles el centro con una boquilla n.º 16.

11 Haz pequeños puntos alrededor del borde de la base con una boquilla n.º 2 y glasa real blanca.

12 Agrega anillos de círculos verde oscuro a la tira verde lima, usando las boquillas n.º 17 y 4 como cortapastas.

13 Para terminar, aplica margaritas azules de distintos tamaños a los pisos del medio y de arriba, y quítales el centro con boquillas. Recorta y encastra las formas como creas necesario.

★ Fucsia fashion
Capítulo sobre Flores, pág. 77

Necesitarás:

- Pastel cuadrado de 25,5 cm
- Base cuadrada para pastel de 25,5 cm
- Plantillas (ver págs. 156-157)
- Pasta de azúcar: 600 g negro, 1 kg rosa fuerte
- Pasta para modelar: 300 g rosa fuerte
- Pastillaje: 50 g gris
- Pegamento de azúcar
- Colorante comestible plateado en polvo (SK)
- Barniz comestible
- Plantilla: argollas decoradas, grande, de 32,5 cm (DS - W086CL)
- Esteca (PME)

- *Cortapastas: set de cortapastas ovalados medios (LC), cortapastas circulares (FMM)*
- Pistola de repostería
- Herramienta de Dresde
- Cúter
- Ruedecita de corte (PME)
- Cinta negra y blanca de 15 mm de ancho

Instrucciones:

1 Cubre la base cuadrada del pastel con pasta de azúcar negra y aplica el diseño en plantilla usando colorante comestible en polvo plateado, como se muestra en la pág. 59. Recorta la base y déjala secar.

2 Haz cuatro argollas de pastillaje usando la pistola de repostería con un disco redondo medio y un cortapastas circular de 2,5 cm. Prepara dos discos redondos de 2,5 cm para el broche y estámpales la cara superior usando la plantilla. Cuando estén totalmente secos, píntalos con colorante comestible en polvo plateado mezclado con el baño de pastelería.

3 Talla el pastel usando las plantillas y sigue las instrucciones de la pág. 35. Pon el pastel tallado sobre papel de horno y cúbrelo en cuatro pasos: primero unta la parte de atrás del bolso con una capa fina de crema de mantequilla.

4 Estira una cantidad suficiente de pasta de azúcar hasta alcanzar un grosor uniforme de 5 mm –lo ideal es usar espaciadores– para cubrir esta zona. Corta la pasta para que quede un borde largo y recto. Levanta la pasta y ponla en la sección untada con crema de mantequilla: haz que el borde recto quede alineado con el borde inferior del pastel. Alisa la pasta con un pulidor hasta lograr una superficie uniforme.

5 Corta rápidamente el exceso de pasta con unas tijeras: solo quita los sobrantes, no intentes darle el acabado final. Pasa la ruedecita de corte por la pasta de azúcar para darle una mayor definición a los bordes laterales del bolso: procura que los dos lados queden más o menos simétricos. Luego, con un cúter, quita el exceso de pasta. Corta la pasta en la parte superior a lo largo de la línea central.

6 Siguiendo la plantilla frontal, aplica pequeñas tiras de pasta de azúcar en la parte delantera del bolso, para crear la apariencia de pliegues. Cubre la parte delantera del bolso con pasta de azúcar y recórtala a medida como hicimos con la parte de atrás. Con la ayuda de tus dedos y de la herramienta de Dresde, dale forma a la pasta de azúcar de las tiras para crear la apariencia de pliegues.

7 Cubre los dos extremos del bolso, otra vez cortando un borde recto en la pasta de azúcar antes de aplicar la pasta sobre el bolso. Recorta la pasta para que encaje bien con la pasta de azúcar de los costados.

8 Con la herramienta de Dresde, une las juntas de los lados y de los extremos del bolso y crea un espacio donde harás reposar las costuras.

9 Con una pistola de repostería, haz los bordes de todas las costuras usando el disco redondo medio y el del broche, con un disco redondo más grande.

10 Siguiendo la plantilla, corta dos piezas curvas de pasta para modelar finamente estirada y colócalas en la parte frontal y trasera del bolso. Pasa la esteca alrededor de estas para crear el efecto de la costura.

11 Haz una selección de flores de material con la pasta para modelar, siguiendo los pasos de las págs. 78-79. Ponlas en el frente del bolso.

12 Agrega las argollas de pastillaje sobre la parte superior del bolso, enlázalas con dos tiras de 2 cm de ancho de pasta para modelar y ubícalas en la parte superior de las piezas curvas.

13 Enrolla dos churros de pasta de azúcar, de 1 cm de ancho por 25 cm de largo, para las asas. Estira el resto de la pasta para modelar hasta formar una tira larga y fina, y córtala en dos mitades. Envuelve cada uno de los churros con las tiras de pasta para modelar y deja que estas últimas se extiendan unos 2 cm más allá de los churros. Enhebra las argollas del bolso con estas secciones de pasta y haz unos pequeños dobleces para sujetar las asas. Pégalas en su lugar y, de ser necesario, sostenlas hasta que el pegamento se seque.

14 Agrega unas pequeñas bolitas de pasta en el reverso de los discos del broche y ponlos en la parte superior del bolso usando pegamento de azúcar.

15 Para finalizar, transfiere el pastel decorado a la base preparada.

★ Almohadones apilados
Capítulo sobre Estampado, pág. 85.

Necesitarás:

- Pasteles cuadrados de 7,5 cm: 28 cm, 23 cm y 18 cm
- Base soporte cuadrado para pastel de 35,5 cm
- Base cuadrada de cartón para pasteles: 15 cm, 10 cm y 7,5 cm
- Pasta de azúcar: 1,5 kg marfil, 1,2 kg marrón dorado, 1 kg (cada uno) azul marino y crema, 500 g (cada uno) azul y verde mar
- Pasta para modelar: verde lima, agua, azul marino, marrón dorado, blanco, verde mar
- Pistola de repostería
- Rodillos texturados: tafeta (PC), orquídea (PC), lino (PC)
- Estampadores: espirales y corazones (PC), set de bordado (PC), estampadores de flores (flor FMM 1), estampadores de enredaderas y moras (HP set 11), estampadores de flores bordadas (HP set 10), estampadores de flores pequeñas (HP set 1)
- Cortapastas: estampados de cachemir (LC), set de flores planas (LC), gerberas de 55 mm (PME), hojas rizadas (LC), hojas estilizadas (LC), lágrimas (LC), margaritas (PME), cortapastas circulares, flores grandes (LC)
- Boquillas: redondas PME n.º 1, 2, 4, 16, 17 y 18; cinta PME n.º 32R
- Plantillas: diseño horizontal de arabescos (DS - C358), flor japonesa y arabescos (LC), círculo floral chino (LC), peonía (LC) para la parte superior del pastel
- Set de moldes de margaritas (FI – FL288)
- Herramienta de Dresde
- Colorantes comestibles en pasta: marrón dorado (hojas otoñales SF), verde lima, azul
- Colorante comestible dorado, en polvo (SK)
- Alcohol sin color (como ginebra o vodka)
- Pegamento de azúcar
- Palillos
- Glasa real
- Cinta marfil/crema de 15 mm de ancho

Instrucciones:

1 Cubre la base con la pasta de azúcar marrón dorado y estámpala usando una plantilla. Una vez seca, aplica con una esponja pintura comestible dorada en polvo mezclada con agua sobre la base para iluminar el diseño (ver pág. 49).

2 Haz plantillas: corta cuadrados de papel del mismo tamaño que los pasteles. Dóblalos a la mitad y luego otra vez por la mitad para hacer cuadrados más pequeños. Luego, dóblalos en diagonal, desde el centro hacia la esquina de fuera. Dibuja una curva suave de 3,5 cm, 2,5 cm o 1,5 cm, dependiendo del piso, en el lado más corto hacia la esquina, corta la curva y abre las plantillas.

3 Nivela los pasteles. Pon las plantillas sobre ellos y haz cortes verticales hacia abajo a través de cada uno de los pasteles para crear las formas básicas; mira los pasos para el pastel corazón de la pág. 34.

Capas (pág. 72); Ensambladura (pág. 73); Herramienta de Dresde (pág. 94); Pistola de repostería (págs. 96-98); Puntos con manga (pág. 109)

Trabajos 135

4 Marca una línea horizontal, en el punto medio de los laterales, alrededor de cada uno de los pasteles, con palillos. Luego dale una forma redondeada a la parte superior de los almohadones tallando desde su parte superior hasta la línea media marcada. Gira los pasteles y haz lo mismo del otro lado de los almohadones.

5 Cubre un pastel a la vez y ponlo sobre papel de horno. Unta la mitad del almohadón que quedará hacia arriba con crema de mantequilla para rellenar los agujeritos y ayudar a que la pasta de azúcar se pegue. Pon la base dura para pasteles sobre la parte superior del pastel (ya que esta en verdad será la base). Estira la pasta de azúcar, dale textura con un palo de amasar (ver pág. 88) y cubre la parte superior del almohadón. Recorta la pasta hasta la línea media. Gira el pastel y cubre la otra mitad del mismo modo. Con cuidado, recorta a medida y luego frota los bordes con el dedo para lograr una costura nítida. Pule el pastel según sea necesario.

6 Toma la herramienta de Dresde y haz algunas líneas que salgan desde cada uno de los lados de la costura. Suaviza estas líneas pasando tu dedo sobre la pasta marcada. Varía el ángulo, la posición y el largo de las líneas para que los almohadones parezcan más reales. Por último, marca la costura alrededor de todo el pastel.

7 Decora a gusto los pasteles con pasta para modelar. El almohadón más grande presenta varias de las técnicas incluidas en el capítulo sobre Estampado (ver págs. 84-91). El del medio solo tiene recortes simples (ver pág. 71) y algunos elementos hechos con pistola de repostería.

8 Agrégale una tira a la costura de cada almohadón hecha con pasta para modelar y la pistola de repostería.

9 Cuando hayas terminado con la decoración, destaca algunos de los paneles texturizados usando colorantes comestibles en pasta diluidos en alcohol incoloro (ver pág. 51). Déjalos secar.

10 Sujeta los pasteles con varillas y usa glasa real para asegurar los pisos.

★ La gloria de Gaudí

Capítulo sobre Herramientas, pág. 93

Necesitarás:

- *Pasteles redondos y altos de 7,5 cm: 20 cm y 12,5 cm*
- *Base soporte redonda para pastel de 28 cm*
- *Bases redondas de cartón para pasteles: 12,5 cm y 9 cm*
- *Pasta de azúcar: 2,2 kg de marfil*
- *Pasta para modelar: verde azulado, aguamarina, rosa, naranja, marfil y púrpura*
- *Punzón*
- *Plantillas de estrellas de ocho puntas (ver pág. 155)*
- *Set de cortapastas de claveles (FMM)*
- *Boquillas: PME n.° 16 y 18*
- *Pistola de repostería*
- *Cúter*
- *Ruedecita de corte (PME)*
- *Regla*
- *Pegamento de azúcar*
- *Palillos*
- *Bolígrafo de tinta comestible (de cualquier color)*
- *Glasa real*
- *Cinta verde azulada de 15 mm de ancho*

Instrucciones:

1 Talla los pasteles siguiendo los pasos de las instrucciones de las págs. 36-37.

2 Pon cada pastel sobre la base dura que le corresponda y sobre papel de horno. Por separado, cubre cada uno de los pasteles y la base soporte con pasta de azúcar. Deja que se sequen.

3 Sujeta con varillas el pastel más grande al otro y a la base recubierta, pero todavía no los pegues.

4 Toma un punzón y marca la base de los pisos. Quita los pasteles: fíjate que ahora tienes un círculo marcado en la base recubierta y sobre la parte superior del pastel más grande.

5 Comprueba que las plantillas de estrellas caben cómodamente por fuera de los

círculos marcados y adapta las formas, si es necesario. Estira la pasta para modelar aguamarina entre espaciadores y corta tres estrellas usando las plantillas y el cúter. Colócalas en el pastel y luego agrega un poco de pegamento de azúcar solo en la punta de las estrellas.

6 Haz las flores internas usando los cortapastas de claveles (ver pág. 74). Agrega líneas estampadas al diseño usando una ruedecita de corte.

7 Quita los círculos del diseño usando las boquillas y reemplázalos con pequeñas bolitas de pasta. Aplana cada bolita para darle un aspecto abovedado.

8 Apila los pasteles siguiendo los círculos marcados y asegúrate de que las estrellas quepan bien a los lados de los pasteles.

9 Marca las puntas de las dos estrellas rosas y azules con palillos y usa una regla para alinearlas. Usa la foto de guía, fíjate que las puntas se alargan más hacia los laterales de los pasteles que hacia la parte superior.

10 Estira la pasta rosa y azul entre espaciadores. Recorta una estrella en el centro de cada una usando las plantillas y asegúrate de que haya pasta suficiente alrededor de la estrella para poder crear las puntas.

11 Con una regla, alinea dos puntas opuestas de la estrella y corta ocho líneas radiales alrededor de la estrella; siempre continúa las líneas hasta el borde de la pasta. Quita la estrella central.

12 Toma una de las secciones recortadas y ponla en la pastel. Y haz que uno de los bordes encaje con la estrella central y el borde recto con la marca hecha con el palillo. Toma un cúter y una regla y corta la pasta desde la punta de la estrella aguamarina hasta el palillo, como puedes ver en la pág. 100. Repite hasta completar las cinco estrellas.

13 Toma un bolígrafo con tinta comestible y dibuja la línea ondulada del diseño directamente sobre el pastel (ver pág. 51).

14 Haz plantillas para cada una de las secciones onduladas usando papel de horno y enuméralas para evitar confundirte. Divide cada una de las plantillas en cuatro y luego úsalas para cortar secciones de pasta para modelar finamente estirada. Aplica esas secciones al pastel a medida que las cortas.

15 Agrega bordes y líneas onduladas con la pistola de repostería. Para terminar, agrega pelotitas de pasta rosa sobre las puntas naranjas.

Técnicas clave Cubrir un pastel (pág. 26); Cubrir una base (pág. 28); Pasteles de varios pisos (pág. 30); Estampar con plantillas (pág. 67);

★ Creación coral

Capítulo sobre Decoración con manga, pág. 103

Necesitarás:

- Pasteles redondos: 18 cm y 10 cm
- Bases redonda para pasteles: 28 cm, 20 cm y 12,5 cm
- Pasta de azúcar: 800 g (cada uno) coral oscuro y coral medio, 500 g blanco con un toque de coral, 400 g coral claro
- Pasta para modelar: 25 g de los cuatro colores de pasta de azúcar
- Boquillas: PME n.° 1, 2 y 16
- Manga de repostería reusable y acopladores
- Glasa real
- Polvo súper blanco (SF)
- Pistola de repostería
- Plantilla de flor (ver pág. 157)
- Cinta de color coral de 15 mm de ancho

Instrucciones:

1 Cubre los pasteles y las bases con los colores correspondientes y extiende la pasta de azúcar hasta los lados de las dos bases más pequeñas.

2 Con una plantilla, estampa o dibuja flores en los pasteles y en la base más grande. Nota: el método que elijas determinará si tienes que usar pasta de azúcar blanda o más seca (ver pág. 53).

3 Añade un poco de polvo súper blanco a la glasa real y usa un pincel para bordar las flores (ver pág. 111).

4 Coloca unas varillas en el pastel más grande y apila los pisos.

5 Estira la pasta para modelar blanca hasta que quede bien finita y corta círculos con la boquilla n.° 16 (ver pág. 71), y luego ponlos al azar sobre el pastel apilado.

6 Haz puntitos con la manga alrededor de cada círculo y en el centro de las flores usando una boquilla n.° 1.

7 Pon el disco redondo medio en la pistola de repostería y agrega un borde del color que corresponda en la base de los dos tambores más pequeños.

8 Cambia el disco redondo pequeño y agrega líneas curvas en los pasteles.

★ El ramo más bonito

Capítulo sobre Moldes, pág. 113

Necesitarás:

- Pastel pelota de 10 cm
- Base redonda para pasteles de 23 cm
- Pasta de azúcar: 1 kg color blanco
- Pasta para modelar: 200 g (cada uno) púrpura, verde y blanco; 25 g color crema
- Plantilla: medallón de cambio de siglo de 18 cm (DC C333)
- Moldes: crisantemos clásico (Fl - FL271), crisantemo (Fl - FL270), grupo de rosas (Fl - FL248), set de flores medias (Fl - FL306)
- Colorantes comestibles en polvo: copo de nieve lustre, verde lima, crema, púrpura oscuro
- Cortador de cinta (FMM)
- Pegamento de azúcar
- Cinta púrpura de 15 mm de ancho

Instrucciones:

1 Cubre la base del pastel con pasta de azúcar blanca y aplica la plantilla usando el polvo de copos de nieve (ver pág. 59). Haz nuevamente un borde de pasta alrededor de la base.

2 Cubre el pastel con pasta de azúcar blanca.

3 Con pasta para modelar y los moldes, haz distintas flores (ver pág. 115). Colorea el centro usando colorantes comestibles en polvo.

4 Con pegamento de azúcar, agrega las flores moldeadas al pastel pelota y superpón los pétalos para que parezcan más naturales.

5 Transfiere la pelota al centro de la base ya preparada.

6 Estira bien finita la pasta para modelar color crema y corta cintas con el cortador. Pon una cinta larga en la parte superior de la pelota y retuércela un par de veces y déjala caer por encima de la pelota y alrededor de la base. Haz dos lazadas en la parte superior de la pelota, finalmente agrega un lazo en el centro.

★ Gloria coronada

Capítulo sobre Joyería, pág. 123

Necesitarás:

- Pasteles redondos de 12,5 cm
- Base redonda para pastel de 20 cm
- Pasta de azúcar: 425 g rosa oscuro y pálido, y 350 g lila
- Pasta para modelar: 50 g (cada uno) ciruela, rosa oscuro y púrpura oscuro
- Glasa real
- Colorantes comestibles en polvo: súper blanco (SF), un toque de rosa oscuro, hoja otoñal (SF)
- Boquillas: PME n.° 1
- Manga de pastelería
- Cortapastas circular de 3,5 cm (FMM)
- Escuadra
- Cinta rosa oscuro de 15 mm de ancho

Joyería para el pastel:

Alambre:
- 15 mm de alambre de aluminio plateado/ alambre de joyería fuerte
- 0,5 mm y 0,3 mm de alambre para artesanía plateado
- Alambre de plata rosa

Abalorios:
- Perlas marfil de 8 mm, 6 mm, 5 mm y 4 mm
- Cuentas de madera púrpuras de 6 mm
- Cuentas de amatista craqueladas de 6 mm
- Cristales Swarovski transparentes de 4 mm, 5 mm y 6 mm
- Cristales Swarovski rosas de 6 mm
- Cuentas rosa oscuro de 6 mm
- Rocallas púrpuras y rosas
- Chafas plateadas

Ensambladura (pág. 73); Ruedecita de corte (pág. 89); Pistola de repostería (págs. 96-98); Cortador de cintas (págs. 99); Puntos con manga (pág. 109)

Instrucciones para el pastel:

1 Por separado, cubre el pastel y la base con pasta de azúcar. Una vez secos, pon el pastel sobre la base.

2 Estira la pasta para modelar ciruela entre espaciadores y corta siete círculos. Corta cada uno por la mitad y ponlos con cuidado sobre el pastel, dejando un espacio de 1 mm entre ellos.

3 Agrega la segunda y la tercera filas usando la pasta para modelar granate y rosa oscuro siguiendo los pasos de la pág. 73. Recuerda dejar un espacio de 1 mm entre la primera línea de círculos para lograr la forma correcta.

4 Haz una plantilla de cartón con la forma para la cuarta fila y úsala para marcar la forma en el pastel (ver pág. 53).

5 Para la quinta fila, crea una plantilla un poco más profunda y también márcala en el pastel.

6 Haz líneas radiales hasta la base y líneas verticales entre las formas marcadas con la ayuda de una escuadra.

7 Con una boquilla n.º 1, haz puntitos sobre las líneas marcadas y alrededor de la primera fila de círculos con glasa real coloreada con polvos comestibles.

Instrucciones para la joyería:

1 Haz siete estambres de cuentas usando las perlas de 8 mm y el alambre de 0,5 mm (ver pág. 130).

2 Forma siete grupos de cuentas usando el alambre de 0,3 mm (ver pág. 130).

3 Enhebra estos elementos al alambre de aluminio o al alambre para joyería más resistente siguiendo las instrucciones de la pág. 131. Une los extremos para crear una corona.

4 Monta pequeñas guirnaldas de abalorios con varias cuentas pequeñas y alambre de plata (ver pág. 126). Enrolla firmemente las guirnaldas sobre la base de la corona.

6 Pon glasa real en toda la superficie inferior de la corona y ponla en su lugar sobre el pastel (ver pág. 131).

★ Fuente fabulosa

Capítulo sobre Joyería en pasteles, pág. 127

Necesitarás:

- Pasteles redondos: 10 cm y 6 cm
- Base soporte redonda para pastel de 18 cm
- Bases duras de cartón para pasteles: 10 cm y 6 cm
- Pasta de azúcar: blanca con un toque de color melocotón y azul
- Pasta para modelar: naranja clarito, naranja oscuro, azul, azul marino, blanco con un toque de color melocotón
- Glasa real
- Polvo súper blanco (SF)
- Colorante comestible en pasta color melocotón
- Plantilla de flores modernas (DC – C559)
- Cortapastas: margaritas de 18 mm (PME), pimpollos (PME), flores de seis pétalos de 15 mm (LC set floral 1)
- Estampa del centro de la margarita (JEM)
- Cinta azul de 15 mm de ancho

Joyería para el pastel:

Alambre:
- 24 g de alambre azul medianoche de joyería

Abalorios:
- Cuentas naranjas de madera de 8 mm y 6 mm
- Cuentas azules de 6 mm
- Cuentas ámbar de 6 mm
- Cuentas marfil de 4 mm y 6mm
- Cuentas craqueladas turquesas
- Rocallas doradas
- Capuchones
- Plastilina en cinta

Instrucciones:

Cubre la base del pastel con pasta de azúcar azul. Una vez seca, aplica las plantillas de flores usando glasa real colorada con polvo súper blanco y un toque de

colorante comestible en pasta de color melocotón (ver pág. 63). Pon el pastel en su base rígida de cartón y por separado cúbrela con pasta de azúcar. Inserta un capuchón en el centro del pastel más pequeño. Coloca varillas en el pastel más grande y, cuando se haya secado, apila los pasteles sobre la base preparada, usa glasa real para asegurar los pisos. Agrega varias flores de pasta para modelar en la parte superior del pastel y algunas más sobre la base. Agrega los centros de las flores usando pasta para modelar y un sello para el centro de las margaritas. Crea la fuente como puedes ver en la pág. 27.

★ Sueños de libélula

Capítulo sobre Joyería en pasteles, pág. 128

Necesitarás:

- Pastel redondo de 10 cm
- Base soporte redonda para pastel de 18 cm
- Pasta de azúcar: roja y amarilla
- Pasta para modelar: verde oscuro, roja, blanca, azul y azul marino
- Cortapastas: lágrima pequeña (LC), óvalo pequeño (LC), llama (LC), hojas rizadas (LC), gerberas de 85 mm, 68 mm y 55 mm (PME), margaritas de 18 mm, cortapastas de seis pétalos de 15 mm (LC set floral 1)
- Ruedecita de corte (PME)
- Formadores de flores
- Alambre de aluminio de 1,5 mm: azul real, azul medianoche
- Capuchón
- Papel de cocina
- Boquillas PME n.º 16 y 17

Instrucciones:

Cubre el pastel y el tambor con pasta de azúcar y déjalos secar. Estira bien finitas las pastas para modelar y corta las formas elegidas. Empezando por el óvalo del cuerpo de la libélula, pon las formas sobre

Técnicas clave Cubrir un pastel (pág. 26); Ccubrir una base (pág. 28); Cubrir minipasteles (pág. 28); Apilar pasteles (pág. 30);

el pastel. Superpón pequeñas lágrimas rojas para crear la cola y dale textura a las formas de llama con una ruedecita de corte para crear las alas. Pon un capuchón en la parte superior del pastel. Corta tres tamaños distintos de gerberas y quita un círculo central en cada una de ellas usando una boquilla n.º 17. Coloca formadores abovedados de diferentes tamaños; los pétalos deben curvarse por encima del borde de los formadores. Deja que la pasta se seque parcialmente para que mantenga la forma, pero que tenga también un poco de movimiento, luego pon la flor más grande sobre el pastel y alinea el centro con el capuchón. Pon un trozo de papel de cocina enroscado debajo de los pétalos para que la flor mantenga su forma. Repite el procedimiento con las gerberas restantes. Monta espirales con el alambre de aluminio (ver pág. 128) y ordénalas dentro del capuchón.

★ A colgar los banderines
Capítulo sobre Color, pág. 44

Necesitarás:

- Minipastel de 6 cm
- Pasta de azúcar: blanca
- Pasta para modelar: verde, verde lima, blanco, rosa oscuro, rosa claro
- Cúter
- Cortapastas triangular pequeño (LC)
- Cortador de cintas con ruedecitas en zigzag (FMM)
- Pistola de repostería
- Esteca de bola con ruedecita y alfombrilla de gomaespuma
- Cortapastas de flores de cinco pétalos (PME)
- Boquilla: PME n.º 2

Instrucciones:

Cubre el minipastel con pasta de azúcar blanca. Crea varias pastas a rayas y a cuadros usando las pastas para modelar (ver pág. 44). Corta una tira de cuadrados verdes y ponlos alrededor de la base del pastel. Corta pequeños triángulos de las pastas ya decoradas. Estira bien finita la pasta para modelar verde lima y corta tres tiras en zigzag usando el cortador de cintas. Ponlas en la parte superior del pastel como se ve en la foto. Ordena los triángulos para que parezcan banderines. Agrega un borde rosa por encima de los cuadrados verdes usando la pistola de repostería con un disco redondo pequeño. Aplica pelotitas de color rosa claro en las uniones de los banderines. Prepara una flor abovedada rosa oscuro (ver pág. 95). Con el lado más largo de la boquilla, corta un círculo de la pasta para modelar a rayas y quita dos agujeros con el extremo más pequeño para crear un botón. Agrega el botón al centro de la flor.

★ Azules fríos
Capítulo sobre Pintura, pág. 48

Necesitarás:

- Minipastel de 5 cm
- Base dura para pasteles de 10 cm
- Pasta de azúcar: blanca
- Pasta para modelar: azul marino, azul, verde claro, verde oscuro
- Glasa real
- Manga de repostería con un acoplador
- Colorantes comestibles en pasta: verde menta, azul marino y azul
- Cortapastas: espirales indias (LC), estampa cachemir (LC), pequeñas lágrimas (LC), flor de seis pétalos (LC set floral1), margaritas (PME)
- Boquillas: PME n.º 1 y 2
- Pistola de repostería
- Herramienta de Dresde

Instrucciones:

Cubre y pinta por inundación la base del pastel como se ve en la pág. 48. Decóralo usando las pastas para modelar y los cortapastas. Coloca las formas por capas. Ubica el pastel sobre la base, agrega un borde de pasta de azúcar color verde a lo largo de la junta y de la mismísima base del soporte del pastel utilizando una pistola de repostería con un disco redondo y pequeño. Haz puntitos con glasa real blanca para destacar las formas.

★ Londres nos llama
Capítulo sobre Pintura, pág. 54

Necesitarás:

- Minipastel de 6 cm
- Pasta de azúcar: blanca
- Montaje o dibujo para pintar
- Papel de horno
- Bolígrafos con tinta comestible
- Selección de colorantes comestibles en pasta
- Pinceles de buena calidad, incluir un 0 y un 0000
- Alcohol incoloro (como ginebra o vodka)

Instrucciones:

Crea un montaje de imágenes que quieras pintar o usa mi plantilla (ver pág. 156). Cubre el minipastel con pasta de azúcar blanca y transfiere el montaje al pastel usando el papel de horno y los bolígrafos de tinta comestible, como se ve en la pág. 51. Deja que la pasta de azúcar se seque. Diluye los colores en pasta con alcohol y pinta el dibujo siguiendo las instrucciones paso a paso de la pág. 54.

Consejo

Cuando hornees minipasteles, deja que se enfríen en el molde en lugar de intentar pasarlos a una rejilla

Capas (pág. 72); Ensambladura (pág. 73) Pistola de repostería (págs. 96-98); Cortador de cintas (pág. 99); Puntos con manga (pág. 109)

★ Rosa Rajasthan
Capítulo sobre Cortapastas, pág. 72

Necesitarás:

- *Minipastel de 5 cm*
- *Pasta de azúcar: melocotón pálido*
- *Pasta para modelar: azul marino, naranja y coral*
- *Cortapastas: flores de fantasía (PC), set de flores planas (LC), lágrimas pequeñas (LC), llama pequeña (LC), boquilla PME n.º 16*
- *Esteca de bola con ruedecita y alfombrilla de gomaespuma*
- *Glasa real*
- *Boquilla: PME n.º 1,5*
- *Manga de repostería*

Instrucciones:

Cubre el minipastel con la pasta de azúcar de color melocotón pálido. Estira finamente las pastas para modelar y corta varias formas usando los cortapastas sugeridos. Estampa la flor naranja más grande con una flor de fantasía y curva la de color coral (ver pág. 95). Luego agrega todas las piezas recortadas al pastel y ponlas en capas a tu gusto. Finalmente, aplica puntitos de glasa real alrededor de las formas.

Maravilla en mosaicos
Capítulo sobre Cortapastas, pág. 75

Necesitarás:

- *Minipastel de 6 cm*
- *Pasta de azúcar: blanco*
- *Pasta para modelar: verde, azul, púrpura, rojo, rosa oscuro, rosa, naranja y amarillo*
- *Cortapastas: lágrimas pequeñas (LC),*

boquilla PME n.º 16
- *Cúter*
- *Ruedecita de corte (PME)*
- *Espátula*

Instrucciones:

Cubre el minipastel con pasta de azúcar blanca y deja que se seque. Para la decoración sigue los pasos en la pág. 75.

★ Elegancia floral
Capítulo sobre Flores, pág. 80

Necesitarás:

- *Minipastel de 5 cm*
- *Base dura de cartón para pasteles de 10 cm*
- *Pasta de azúcar: rosa coral y marfil con un toque de rosa*
- *Pasta para modelar: rosa coral y marfil con un toque de rosa*
- *Papel para revestir paredes texturado*
- *Baño de pastelería*
- *Esteca de bola con ruedecita y alfombrilla de gomaespuma*
- *Formadores abovedados*
- *Cortapastas: pétalo de rosa de 2,7 cm de ancho (FMM), set de hojas onduladas (LC), lágrimas pequeñas (LC)*
- *Boquilla: PME n.º 3*
- *Glasa real de color marfil*
- *Manga de repostería*
- *Cinta color crema estrecha*

Instrucciones:

Crea la base decorada usando papel para revestir paredes como en la pág. 90. Cubre el minipastel con pasta de azúcar y déjala secar. Coloca el pastel en el centro de la base. Estira hasta que quede bien finita la pasta para modelar marfil y recorta algunas formas usando los cortapastas de hojas onduladas y lágrimas. Aplica estas formas al pastel según tu gusto. Haz una flor como se ve en la pág. 80 y agrégala a la parte superior del minipastel usando un poco de glasa real. Haz puntitos con la manga alrededor del borde inferior del pastel como se ve en la foto.

★ Sensación de coser
Capítulo sobre Estampado, pág. 91

Necesitarás:

- *Minipastel de 5 cm*
- *Base dura de cartón para pasteles de 12,5 cm*
- *Pasta de azúcar: blanco y gris claro*
- *Pasta para modelar: verde*
- *Pastillaje: verde*
- *Estampadores: set de arabescos (FMM), estampas de flores pequeñas (HP)*
- *Alfiler con cabeza de vidrio*
- *Pistola de repostería*
- *Glasa real*
- *Colorantes comestibles en pasta: azul, rosa, marrón*
- *Boquilla: PME n.º 1*
- *Manga de repostería*
- *Polvo comestible plateado (SK)*
- *Baño de pastelería*
- *Disco acrílico de 12,5 cm*
- *Diseño o plantilla (ver pág. 156)*
- *Cinta azul pálido estrecha*

Instrucciones:

Estampa la base como se explica en la pág. 91 y usa la pasta de azúcar blanca. Haz la aguja con pastillaje gris, usando la pistola de repostería con un disco redondo medio. Enrolla uno de los extremos para formar la punta, luego corta un ojo en el extremo opuesto con un cúter y ábrelo levemente. Deja que se seque bien. Talla las esquinas superiores del pastel para crear la forma redondeada y estrecha los laterales. Cubre el pastel con pasta de azúcar gris claro y estampa anillos de diseño alrededor de la base usando distintos estampadores. Luego usa el extremo del alfiler con cabeza de vidrio para estampar el resto del pastel. Déjalo secar. Mezcla el polvo metalizado con el baño de pastelería y pinta el dedal y la aguja. Haz una costura de color con la manga sobre la base preparada usando glasa real. Haz un segmento largo de hilo con la pistola de repostería, pasta para modelar y un disco redondo pequeño. Enhebra el hilo a través del ojo de la aguja y ponlo en la base para terminar.

Técnicas clave Cubrir una base (pág. 28); Cubrir minipasteles (pág. 28); Recortar formas (pág. 71); Esteca de bola con ruedecita (pág. 95)

★ Pétalos rosados
Capítulo sobre Herramientas, pág. 95

Necesitarás:

- *Minipastel de 5 cm*
- *Pasta de azúcar: melocotón oscuro*
- *Pasta para modelar: melocotón oscuro, blanco con una pizca de melocotón y azul marino*
- *Esteca de bola con ruedecita y alfombrilla de gomaespuma*
- *Glasa real*
- *Boquilla: PME n.º 1*
- *Manga de repostería*
- *Cortapastas: set de hojas onduladas (LC), set de flores planas (LC), flores (PME), corta-pastas de cinco pétalos de 43 mm (PME)*

Instrucciones:

Cubre el minipastel con la pasta de azúcar. Prepara las hojas onduladas dándoles pequeños golpecitos con la esteca de bola a las formas de pasta para modelar y colócalas en el pastel. Haz dos flores abovedadas (ver pág. 95) y colócalas como se ve en la foto. Agrégales un centro de color azul marino. Asimismo, añade un par de flores pequeñas. Para finalizar, haz puntitos con la glasa real y la manga a tu gusto.

★ Flores aterciopeladas
Capítulo sobre Herramientas, pág. 98

Necesitarás:

- *Minipastel de 6 cm*
- *Pasta de azúcar: marfil*
- *Pasta para modelar: rosa oscuro, rosa claro, verde oscuro, verde lima, naranja, marrón y marfil*
- *Cortapastas: clavel (FMM), boquillas PME n.º 2, 4 y 18, cortapastas de flores (PME), cortapastas de seis pétalos (LC set floral 1)*
- *Pistola de repostería*
- *Herramienta de Dresde*

Instrucciones:

Cubre el minipastel con la pasta de azúcar. Estira las pastas para modelar hasta que queden bien finitas y recorta flores y círculos. Organízalos sobre el pastel siguiendo la foto. Haz algunos centros para las flores enrollando pelotitas de pasta, aplícalos sobre la mitad de las flores y aplánalos levemente. Crea pequeños estambres usando la pistola de repostería y un pequeño disco rejilla. Aplica los estambres con una herramienta de Dresde alrededor de las pelotitas centrales en la mitad de las flores y como centro de las restantes.

★ Rayos de sol
Capítulo sobre Herramientas, pág. 100

Necesitarás:

- *Minipastel de 6 cm*
- *Pasta de azúcar: blanca*
- *Pasta para modelar: púrpura, naranja, amarilla, marrón oscuro y beige*
- *Cúter*
- *Regla*
- *Molde pequeño de flor (FI – FL107)*

Instrucciones:

Cubre el minipastel con la pasta de azúcar blanca y déjala secar. Decora el pastel con las tiras de pasta para modelar como se explica en la pág. 100. Dale el toque final con una flor hecha con un molde para dos colores de pasta para modelar.

Filigrana perforada
Capítulo sobre Herramientas, pág. 101

Necesitarás:

- *Minipastel de 6 cm*
- *Pasta de azúcar: púrpura*
- *Pasta para modelar: crema y marrón dorado*
- *Variedad de perforadoras para manualidades de mosaicos marroquíes*
- *Pegamento de azúcar*
- *Alfombrilla de gomaespuma*

Instrucciones:

Cubre el minipastel con pasta de azúcar y déjala secar. Usa varias perforadoras para los recuadros y las formas intricadas de pasta para modelar (pág. 101) y pégalos. Para el decorado de arriba, deja que los recuadros se sequen sobre una alfombrilla de gomaespuma y luego ponlos sobre el pastel. Agrega una pelotita púrpura encima.

★ Bello encaje
Capítulo sobre Decoración con manga, pág. 110

Necesitarás:

- *Minipastel de 6 cm*
- *Pasta de azúcar: púrpura*
- *Pasta para modelar: blanca*
- *Boquilla : PME n.º 1*
- *Manga de pastelería*
- *Glasa real*
- *Cortapastas: set de hojas onduladas (LC), set de llamas (LC), flores planas (LC), arabesco indio (LC), lágrima pequeña (LC)*
- *Polvo súper blanco (SF)*

Instrucciones:

Cubre el minipastel con pasta de azúcar púrpura y déjalo secar. Corta formas de pasta para modelar blanca, ya estirada bien finita, y ponlas sobre el pastel a tu gusto, pero deja espacio suficiente para agregar los detalles con la manga. Con esta, haz los lazos como se puede ver en la pág. 110 y finaliza con puntitos de glasa real.

Pistola de repostería (págs. 96-98); Cúter (pág. 100); Puntos con manga (pág. 109); Trazado de líneas (pág. 110); Molde para dos colores (pág. 116)

★ Hojas de otoño

Capítulo sobre Moldes, pág. 118

Necesitarás:

- *Minipastel de 5 cm*
- *Pasta de azúcar: marfil*
- *Pasta para modelar o pasta para modelar flores: marrón dorado*
- *Pastillaje: marrón dorado*
- *Cortapastas: hoja de arce (OP), hoja de frutilla (JEM), hoja de rosa (FMM), hoja de roble (LC),*
- *Marcadores de nervaduras de hojas: hoja de arce (GI), hoja de rosa silvestre (GI), hoja de ortiga (GI), hoja de frutilla (GI)*
- *Esteca de bola con ruedecita y alfombrilla de gomaespuma*
- *Formadores o papel de cocina*
- *Varios colorantes comestibles en polvo de tonos otoñales*
- *Pistola de repostería*
- *Polvos comestibles metalizados color oro antiguo (SK)*
- *Baño de pastelería*

Instrucciones:

Cubre el minipastel con la pasta de azúcar de color marfil y crea espirales de pastillaje usando la pistola de repostería y un pequeño disco redondo. Cuando se sequen, pinta las espirales con el polvo metalizado mezclado con el baño de pastelería. Clava dos espirales en la parte superior del pastel y una al costado, como se ve en la foto. Prepara y colorea varias hojas otoñales (ver pág. 118). Distribúyelas en el pastel mientras estén parcialmente secas, alrededor de las espirales.

★ Caracolas en las olas

Capítulo sobre Moldes, pág. 120

Necesitarás:

- *Minipastel de 6 cm*
- *Base dura de cartón para pasteles de 12,5 cm*
- *Pasta de azúcar: blanca*
- *Pasta para modelar: blanca y negra*
- *Varias caracolas y conchas*
- *Gel para moldes*
- *Colorantes comestibles en pasta: de tonos de conchas*
- *Polvo súper blanco*
- *Azúcar moreno fino*
- *Pegamento de azúcar (SF)*
- *Cortapastas de vida marina (FMM)*
- *Ruedecita de corte (PME)*
- *Cinta dorada estrecha*

Instrucciones:

Haz varias conchas de azúcar con los moldes, como se puede ver en la pág. 120. Por separado, cubre el minipastel y la base del pastel con la pasta de azúcar blanca. Pon el pastel sobre la base y espolvorea azúcar moreno fino sobre la base y la parte superior del pastel. Organiza las conchas de azúcar sobre la base y el pastel, usando pegamento de azúcar para fijarlas en su lugar. Corta algas marinas de la pasta para modelar negra finamente estirada con la ruedecita de corte y recorta un ancla pequeña usando el cortapastas. Ponlas donde quieras.

Consejo

Si no te salió bien tu primer intento con el molde de las conchas, vuelve a fundir el gel e inténtalo nuevamente.

★ Toda vestida

Capítulo sobre Joyería, pág. 126

Necesitarás:

- *Minipastel de 5 cm*
- *Pasta de azúcar: blanca con algo de melocotón*
- *Pasta para modelar: verde oscuro, verde lima, amarilla, naranja claro, naranja oscuro, celeste, azul marino*
- *Colorante azul comestible en pasta*
- *Pistola de repostería*
- *Esteca de bola con ruedecita*
- *Cúter*
- *Cortapastas circular de 5 cm*
- *Baño de pastelería*

Joyería para el pastel:

Alambre:
- *Alambre de plata verde lima*

Abalorios:
- *Cuentas de madera naranja y verde de 6 mm*
- *Cuentas azules de 6 mm*
- *Cuentas redondas de vidrio verde/naranja pálido de 6 mm*
- *Rocallas doradas y verde lima*
- *Cristales Swarovski amarillo oro/ópalo de fuego de 4 mm*

Instrucciones:

Cubre el minipastel con la pasta de azúcar. Estira la pasta celeste, pero que quede gruesa. Crea una espiral de pasta con la esteca de bola y luego recórtala con el cortapastas circular. Aplícala a un lado de la parte superior del pastel. Estira el resto de las pastas para modelar entre espaciadores y corta un grupo de tiras. Ponlas alrededor del círculo y forma un diseño radial. Córtalas con el cúter para que queden regulares. Recorta los bordes de las tiras y crea una forma orgánica alrededor del círculo. Con la pistola de repostería y un pequeño disco redondo, estruja dos segmentos largos de azul marino. Pon uno alrededor del círculo central y el otro en el borde exterior de las tiras. Pinta sobre el círculo azul con el colorante en pasta diluido (ver pág. 50). Cuando esté seco, pinta sobre las tiras y el círculo con el baño de pastelería para darles brillo. Haz una guirnalda como se explica en la pág. 126 y colócala alrededor del pastel.

Técnicas clave Cubrir una base (pág. 28); Cubrir minipasteles (pág. 28); Recortar formas (pág. 71); Plantillas con polvos metalizados (pág. 59)

Buceando en busca de perlas

Capítulo sobre Joyería, pág. 129

Necesitarás:

- Minipastel de 6 cm
- Base dura de cartón de 12,5 cm
- Pasta de azúcar: azul marino
- Pasta para modelar: blanca
- Plantilla de minimedallón de cambio de siglo (DS – C334)
- Polvo metalizado comestible color plata suave (SK)
- Grasa vegetal blanca
- Cortapastas: set de flores planas (LC), set de pétalos persas (LC), boquilla PME n.º 4
- Boquilla: PME n.º 1
- Manga de pastelería
- Glasa real
- Cinta azul marino, estrecha

Joyería para el pastel:

Alambre:
- Alambre de aluminio azul de 1,5 mm
- Alambre para artesanía azul de 0,3 mm

Abalorios:
- Perlas marfil de 8 mm
- Cuentas azules de 6 mm
- Cristales Swarovski transparentes de 6 mm

Instrucciones:

Por separado, cubre la base y el pastel con la pasta de azúcar y aplica sobre la base el diseño de plantilla con el polvo plateado. Deja que se seque. Estira la pasta para modelar blanca hasta que quede finita y corta una flor plana, ocho pétalos persas pequeños y dieciséis círculos pequeños usando la boquilla. Ponlos en el pastel como se ve en la foto. Crea la corona como se describe en las págs. 129-131. Agrega la corona de tal manera que quede centrada con respecto a la base recubierta, usa glasa real y deja que esta se asiente. Con cuidado, pon el pastel en el centro de la corona y luego ajusta los alambres como creas necesario.

★ Paraíso rosa

Capítulo sobre Joyería, pág. 130

Necesitarás:

- Minipastel de 6 cm
- Base dura de cartón de 12,5 cm
- Capuchón
- Pasta de azúcar: rosa oscuro, blanco con un toque de coral
- Pasta para modelar: coral oscuro, coral, blanco con un toque de coral, blanco con un toque de rosa oscuro
- Cortapastas: flor grande (OP – F6C), cinco pétalos de rosa de 65 mm (FMM), cortapastas de cinco pétalos de 35 mm (PME), cortapastas de seis pétalos de 15 mm (LC set floral 1)
- Boquillas: PME n.º 1 y 17
- Manga de pastelería
- Glasa real
- Formadores abovedados de flores
- Pegamento de azúcar
- Cinta rosa y estrecha

Joyería para el pastel:

- Pegamento para joyería

Alambre:
- Alambre de joyería resistente de 1,5 mm
- Alambre para artesanía plateado de 0,5 mm y 0,3 mm

Abalorios:
- Perlas marfil de 8 mm
- Perlas de cristal rosa pastel
- Cuentas craqueladas de color rosa de 6 mm
- Rocallas rosa chillón

Instrucciones:

Cubre la base y el pastel con pasta de azúcar y déjalos secar. Inserta el capuchón en el centro del pastel. Corta flores de las pastas para modelar sugeridas con los cortapastas. Quita el centro de cada flor con una boquilla n.º 17 y luego colócalas en un formador abovedado para que se sequen un poco. Cuando las flores puedan mantener su forma, toma la más

grande y ubícala alineando el centro con el capuchón, fíjala en su lugar con pegamento de azúcar. Crea estambres utilizando un alambre de 5 mm, cuentas y pegamento para joyería. Una vez que se hayan secado, colócalos en el capuchón a tu gusto. Crea los elementos de la corona usando un alambre para artesanía de 0,5 mm como se describe en las págs. 129-131. Ata los elementos terminados al alambre de base usando el alambre de 0,3 mm y crea la corona. Pega la corona en el centro de la base cubierta usando glasa real y deja que esta se seque. Con cuidado, ubica el pastel en el centro de la corona y luego, de ser necesario, ajusta los alambres.

★ Razones abstractas

Capítulo sobre Joyería, pág. 130

Necesitarás:

- Minipastel de 5 cm
- Pasta de azúcar: melocotón pastel
- Pasta para modelar: rojo oscuro, ciruela, púrpura, rosa pálido, melocotón rosado
- Cortapastas: set de llamas (LC), set de hojas onduladas (LC), lágrimas pequeñas (LC), margaritas (PME), flores de 6 pétalos de 15 mm (set floral 1 LC), pergamino indio (LC)
- Boquillas: PME n.º 17, 18
- Capuchón pequeño

Joyería para el pastel:

Alambre:
- Alambre para artesanía rojo de 0,5 mm

Abalorios:
- Cuentas de madera roja de 6 mm
- Cuentas craqueladas color amatista y rosa de 6 mm
- Rocallas púrpuras y rojas
- Chafas doradas

Instrucciones:

Cubre el pastel y la base con pasta de azúcar y déjalos secar. Estira las pastas

Pistola de repostería (págs. 96-98); Cúter (pág. 100); Puntos con manga (pág. 109); Joyería para pasteles (págs. 126-131).

Trabajos 143

para modelar hasta que queden bien finitas y corta un grupo de flores y de hojas usando los cortapastas sugeridos. Aplica estas formas en capas sobre el pastel; usa la foto de referencia. Inserta el capuchón en la parte superior del pastel. Corta una margarita y quítale un circo del centro usando la boquilla n.° 17. Ponla encima del pastel y alinea el círculo con el capuchón. Crea un aro de pasta para el centro de la flor cortando un círculo con la boquilla n.° 17. Colócalo en su lugar. Crea formas abstractas con los alambres poniendo cuentas en el alambre de 0,5 mm y usando las chafas, como puedes ver en la pág. 130. Retuerce los extremos de los alambres, únelos y colócalos dentro del capuchón. Ajusta el diseño a tu gusto.

★ Puntos y lunares
Capítulo sobre Color, pág. 43

Necesitarás:

- Cupcakes horneados en cápsulas de papel de aluminio rosa
- Pasta de azúcar: rosa claro y blanca
- Pasta para modelar: rosa oscuro y blanca
- Cortapastas redondo del tamaño de los cupcakes (LC)
- Cortapastas de pétalos o de punta ovalada
- Boquillas: PME n.° 4 y 18

Instrucciones:

Modelar los lunares como se muestra en la pág. 43. Corta círculos de pasta de azúcar del tamaño de tus cupcakes y decóralos con pétalos hechos con pasta. Remátalos con una pelotita marmolada rosa y blanco (ver pág. 42).

★ De otro planeta
Capítulo sobre Pintura, pág. 51

Necesitarás:

- Cupcakes horneados en cápsulas de papel azul/verde
- Pasta de azúcar: marfil
- Set de estampadores del espacio (PC)
- Cortapastas redondo, del mismo tamaño que los cupcakes
- Esteca de bola con ruedecita
- Colorantes comestibles en pasta: selección de azules, verdes, amarillos y negro

Instrucciones:

Estampa los diseños en pasta de azúcar estirada, luego corta círculos que quepan sobre tus cupcakes. Agrega textura alrededor de las patas del extraterrestre con una esteca de bola. Pinta los diseños siguiendo las instrucciones de la pág. 51.

★ Amanecer en el desierto
Capítulo sobre Pintura, pág. 52

Necesitarás:

- Cupcakes horneados en cápsulas de papel marrón
- Pasta de azúcar: blanca
- Selección de colorantes comestibles en pasta
- Varillas de madera
- Cortapastas redondo, del mismo tamaño que los cupcakes

Instrucciones:

Estira la pasta de azúcar blanca e imprime diseños circulares en la pasta usando las varillas de madera. Luego usa un cortapastas redondo del tamaño adecuado y corta los círculos para cubrir la parte superior de tus cupcakes.

★ Impresiones en patchwork
Capítulo sobre Pintura, pág. 52

Necesitarás:

- Cupcakes horneados en cápsulas de papel marrón
- Pasta de azúcar: marfil, naranja, roja
- Selección de colorantes comestibles en pasta
- Estampadoras: set de flores (FMM), varillas estampadoras (HP set 9 y 17)
- Cortapastas cuadrado (set geométrico FMM)
- Cortapastas redondo, del mismo tamaño que los cupcakes

Instrucciones:

Estira las pastas de azúcar hasta que tengan un grosor uniforme –lo ideal es usar espaciadores– e imprime los diseños con los polvos comestibles. Corta un cuadrado alrededor de cada diseño, organízalos sobre tu superficie de trabajo y luego, con el cortapastas redondo, corta círculos para que quepan en los cupcakes. Con cuidado pon cada cuadrado en su lugar.

★ El toque de Midas
Capítulo sobre Pintura, pág. 55

Necesitarás:

- Cupcakes horneados en cápsulas de papel púrpura
- Pasta de azúcar: marrón dorado (SF)
- Cortapastas de espirales (PC)
- Cortapastas redondo, del mismo tamaño que los cupcakes
- Polvos comestibles metalizados dorados (SK)
- Alcohol incoloro (como ginebra o vodka)

Instrucciones:

Estira la pasta de azúcar marrón dorado y estampa con los cortapastas de espirales.

Técnicas clave Cubrir cupcakes (pág. 29); Diseños marmolados (pág. 42); Impresiones (pág. 52); Plantillas (págs. 60-67)

Con un cortapastas redondo del tamaño adecuado, corta círculos que quepan en la superficie de tus cupcakes. Con cuidado, ponlos en su lugar. Mezcla un poco de los polvos comestibles dorados con el alcohol y pinta los cupcakes como se ve en la pág. 55.

★ Corazones amorosos
Capítulo sobre Plantillas, pág. 60

Necesitarás:

- Cupcakes horneados en cápsulas de papel púrpura
- Pasta de azúcar: blanca
- Colorantes comestibles en polvo: rosa (SK), súper blanco (SF)
- Plantilla de corazones para pasteles (DS)
- Cortapastas redondo, del mismo tamaño que los cupcakes

Instrucciones:

Mezcla los dos polvos mate para hacer un rosa claro. Aplica la plantilla sobre la pasta de azúcar blanca y ponla sobre la parte superior del cupcake, como se ven la pág. 60.

★ Peonías perfectas
Capítulo sobre Plantillas, pág. 60

Necesitarás:

- Cupcakes horneados en cápsulas de papel púrpura
- Pasta de azúcar: blanca
- Colorantes comestibles en polvo: púrpura, verde, blanco
- Plantilla de peonía para pasteles (LC)
- Cortapastas redondo, del mismo tamaño que los cupcakes

Instrucciones:

Aplica la plantilla sobre la pasta de azúcar blanca con distintos polvos y ponlos sobre la superficie del cupcake, como se ve en la pág. 60.

★ Té en el Ritz
Capítulo sobre Plantillas, pág. 62

Necesitarás:

- Cupcakes horneados en cápsulas de color negro y plateado metalizado
- Pasta de azúcar: roja con una pizca de rosa
- Glasa real
- Polvo súper blanco (SF)
- Set de plantillas (DS)
- Cortapastas redondo, del mismo tamaño que los cupcakes

Instrucciones:

Aplica la plantilla sobre la pasta de azúcar con la glasa real blanqueada y ubícala sobre la parte superior del cupcake, como se puede ver en la pág. 62.

★ Jóvenes geishas
Capítulo sobre Plantillas, pág. 65

Necesitarás:

- Cupcakes horneados en cápsulas de papel rosa oscuro
- Pasta de azúcar: rosa con un toque de rojo
- Glasa real: blanca (aclarada con polvo súper blanco) (SF), rosa oscuro, rosa
- Plantillas de flores y espirales japonesas (LC)
- Cortapastas redondo, del mismo tamaño que los cupcakes

Instrucciones:

Aplica la plantilla sobre la pasta de azúcar rosa con distintos colores de glasa real como se puede ver en la pág. 65. Cuando se haya secado, recorta círculos del tamaño adecuado y ponlos sobre los cupcakes.

★¡Delilogo!
Capítulo sobre Plantillas, pág. 65

Necesitarás:

- Cupcakes horneados en cáspulas de papel rosa oscuro
- Pasta de azúcar: púrpura
- Grasa vegetal blanca
- Plantilla casera
- Polvo comestible metalizado
- Cortapastas redondo, del mismo tamaño que los cupcakes

Instrucciones:

Aplica tu propia plantilla (ver la pág. 67 con las instrucciones para crear tu propia plantilla) sobre la pasta de azúcar púrpura con los polvos comestibles, como se ve en la pág. 59. Para una mayor sofisticación, si quieres, estampa alguna figura alrededor del diseño en plantilla con un estampador (ver pág. 87). Recorta un círculo de pasta y colócalo sobre el cupcake.

Consejo

Limpia tus plantillas con cuidado luego de cada uso y sécalas con papel de cocina.

★ El amor es...

Capítulo sobre Cortapastas, pág. 71

Necesitarás:

- Cupcakes horneados en cápsulas de papel de aluminio plateado
- Pasta de azúcar: negra
- Pasta para modelar: selección de rosas, celeste, naranja y blanca
- Cortapastas: corazón (LC), estrella pequeña (LC), boquillas PME n.º 3, 16 y 17
- Cortapastas redondo, del mismo tamaño que los cupcakes

Instrucciones:

Cubre la parte superior de los cupcakes con pasta de azúcar negra. Aplica un diseño marmolado sobre las pastas rosas (ver pág. 42), haz corazones finitos y córtalos. Aplica un diseño marmolado sobre las pastas naranjas y azules, haz estrellas bien finitas y córtalas. Luego estira también las pastas blanca, naranja y azul hasta que queden finitas y corta círculos con las boquillas. Pon las formas sobre los cupcakes.

★ Expreso del Oriente

Capítulo sobre Cortapastas, pág. 73

Necesitarás:

- Cupcakes horneados en cápsulas de papel negro
- Pasta de azúcar: blanca
- Pasta para modelar: negra, rosa oscuro, naranja, roja y rosa coral
- Cortapastas: círculos de 24 mm (FMM), set de flores de cinco pétalos (PME)
- Bolillo y alfombrilla de gomaespuma
- Cortapastas redondo, del mismo tamaño que los cupcakes

Instrucciones:

Estira la pasta de azúcar de color blanco hasta alcanzar un grosor de 5 mm, lo ideal es usar espaciadores. Por separado, estira las pastas para modelar entre espaciadores. Usa el cortapastas de círculos de 24 mm, corta las formas sugeridas, como puedes ver en la pág. 73. Pon estas formas en su lugar, encima de la pasta de azúcar estirada. Luego, con el cortapastas del tamaño adecuado, corta un círculo que encaje a la perfección encima de tu cupcake. Haz tres flores abovedadas usando el set para cortar flores de cinco pétalos, como se explica en la pág. 95, y ponlas en capas sobre tu cupcake. Para finalizar, agrega una pelotita de pasta como centro de la flor.

★ Círculos decrecientes

Capítulo sobre Cortapastas, pág. 74

Necesitarás:

- Cupcakes horneados en cupcakes de papel rosa
- Pasta de azúcar: blanca
- Pasta para modelar: azul marino, rosa oscuro, rosa, blanca, naranja y amarillo pálido
- Cortapastas circulares (FMM)
- Boquillas: PME n.º 4, 16 y 18
- Cortapastas redondo, del mismo tamaño que los cupcakes

Instrucciones:

Cubre los cupcakes con la pasta de azúcar blanca. Luego haz las incrustaciones siguiendo las instrucciones paso a paso de la pág. 74.

Consejo

Unta levemente la tabla de trabajo con grasa vegetal blanca para evitar que se pegue la pasta.

★ Rosas delicadas

Capítulo sobre Cortapastas, pág. 78

Necesitarás:

- Cupcakes horneados en cápsulas de papel rosa oscuro
- Pasta de azúcar: marfil
- Pasta para modelar: rosa claro, rosa oscuro, púrpura
- Rodillos texturados: tipo lino (HP), tipo tafeta pequeño (HP)
- Cortapastas: círculos de 1,5cm, margaritas (PME)
- Cortapastas redondo, del mismo tamaño que los cupcakes

Instrucciones:

Estira la pasta de azúcar y dale textura con el rodillo tipo lino (ver pág. 88). Corta un círculo con el cortapastas del tamaño que corresponda y colócalo encima de tu cupcake. Estira las pastas para modelar hasta que queden finitas, dales una textura símil tafeta con el rodillo y úsalas para hacer flores con cortapastas y confeccionar varias flores símil tela (ver págs. 78-79).

★ Bonitos pasteles

Capítulo sobre Cortapastas, pág. 79

Necesitarás:

- Cupcakes horneados en cápsulas de papel floreado
- Pasta de azúcar: rosa
- Pasta para modelar: rosa oscuro, púrpura y aguamarina
- Set de estampadores de coronas (PC)
- Set de cortapastas ovalados tamaño medio (PC)
- Cortapastas redondo, del mismo tamaño que los cupcakes

Técnicas clave Cubrir cupcakes (pág. 29); Recortar formas (pág. 71); Capas (pág. 72); Ensambladura (pág. 73)

Instrucciones:

Estampa la pasta de azúcar rosa ya estirada con la espiral y el corazón del set de corona (ver pág. 87). Corta un círculo de la pasta estampada con un cortapastas del tamaño adecuado y ponlo encima de tu cupcake. Crea varias flores de tela con la pasta para modelar (ver pág. 79) y ubícalas encima de tu cupcake a gusto.

★ Dalia querida
Capítulo sobre Flores, pág. 79

Necesitarás:

- Cupcakes horneados en cápsulas de papel púrpura
- Pasta de azúcar: blanca
- Pasta para modelar: rosa
- Estampador de flores (PC)
- Cortapastas circular de 24 mm (FMM)
- Esteca (PME)
- Cortapastas redondo, del mismo tamaño que los cupcakes

Instrucciones:

Estira la pasta de azúcar hasta que tenga un grosor de 5 mm –lo ideal es usar espaciadores– y estámpala con el estampador de flores (ver pág. 87). Corta un círculo de la pasta estampada con el cortapastas del tamaño adecuado y aplícalo sobre la parte superior de tu cupcake. Estira la pasta para modelar bien finita y crea una dalia símil tela siguiendo las instrucciones de la pág. 79. Ubícala sobre el cupcake.

★ Belleza en flor
Capítulo sobre Estampado, pág. 87

Necesitarás:

- Cupcakes horneados en cápsulas de papel marrón
- Pasta de azúcar: naranja y marfil
- Pasta para modelar: verde oliva, verde oliva pálido, naranja pálido, rosa pálido, azul pálido
- Estampadores: rosa salvaje (PC), flores y hojas (PC)
- Colorantes comestibles en pasta: naranja oscuro, naranja, rosa oscuro, verde oliva, azul
- Cortapastas redondo, del mismo tamaño que los cupcakes

Instrucciones:

Para las instrucciones de estos cupcakes ver la pág. 87.

Café con crema
Capítulo sobre Herramientas, pág. 99

Necesitarás:

- Cupcakes horneados en cápsula de papel marrón
- Pasta de azúcar: marrón claro
- Pasta para modelar: marrón dorado
- Glasa real de color púrpura
- Cortador de cintas
- Papel de cocina
- Plantilla de medallón francés de 19,5 cm
- Cortapastas redondo, del mismo tamaño que los cupcakes

Instrucciones:

Aplica la plantilla sobre la pasta de azúcar usando la glasa real de color púrpura (ver pág. 62). Corta un disco con el cortapastas del tamaño adecuado y colócalo sobre la parte superior del cupcake. Estira la pasta para modelar entre espaciadores y corta cintas con la ayuda del cortador de cintas. Haz rulos con las cintas y déjalos secar parcialmente hasta que se endurezcan y luego organízalos todos juntos. Ponlos sobre el cupcake donde te parezca bien. Usa bolitas de papel de cocina para mantener los rulos en su lugar mientras se secan por completo.

★ Espirales de rosas
Capítulo sobre Decoración con manga, pág. 105

Necesitarás:

- Cupcakes horneados en cápsulas metálicos marrón y dorado
- Crema de mantequilla
- Colorante comestible en pasta de color naranja
- Boquilla W – 2D
- Manga de pastelería larga

Instrucciones:

Usa dos colores de crema de mantequilla y aplícalos con la manga como se explica en la pág. 105.

Consejo

En la página web de Lindy's Cakes encontrarás todas las cápsulas de cupcakes que se usan en este libro y muchos otros diseños.

★ Pico perfecto
Cap. Decoración con manga, pág. 106

Necesitarás:

- Cupcakes en cápsulas de papel negro
- Crema de mantequilla
- Boquilla: W – 1E
- Manga de pastelería larga
- Pasta para modelar: roja y naranja
- Pastillaje: rojo
- Molde de margarita de silicona (FI – FL288)
- Pistola de repostería
- Boquilla para hacer lazos: PME n.º 42

Instrucciones:

Crea una forma de pastillaje usando la pistola de repostería con el disco para hacer lazos. Haz la forma que quieras y déjalo secar. Aplica la crema de mantequilla con la manga sobre los cupcakes como puedes ver en la pág. 106. Pon la pieza de pastillaje y remátalo con una flor moldeada con dos colores.

★ Margaritas maravillosas
Cap. Decoración con manga, pág. 107

Necesitarás:

- Cupcakes en cápsulas metálicas de color rosa y dorado
- Crema de mantequilla
- Boquilla: PME hoja o pétalo
- Manga de pastelería larga
- Pasta de azúcar: rosa

Instrucciones:

Aplica con una manga la crema de mantequilla como se puede ver en la pág. 107 y remátalo con una pelotita de pasta de azúcar rosa.

★ Rosas vintage
Cap. Decoración con manga, pág. 108

Necesitarás:

- Cupcakes horneados en cápsulas metálicas de color azul y plateado
- Cuadrados de papel celofán y de horno
- Glasa
- Crema de mantequilla
- Boquilla: W – 103
- Manga de pastelería larga
- Colorante comestible rosa en pasta

Instrucciones:

Colorea la crema de mantequilla con el colorante rosa y haz rosas con la manga, como se ve en la pág. 108. Cuando estén lo suficientemente secas, transfiere las rosas a los cupcakes.

★ Rojas son las rosas...
Capítulo sobre Moldes, pág. 115

Necesitarás:

- Cupcakes en cápsulas de papel floreado
- Crema de mantequilla
- Boquilla: W –18
- Manga de pastelería larga
- Molde de rosa tupida (FI– FL248)
- Cortapastas de pétalos de rosas (FMM)
- Marcador de hojas de rosas (GI)
- Polvos comestibles

Instrucciones:

Crea varias rosas y hojas como se puede ver en las págs. 115 y 118. Aplica polvos sobre las rosas para

darles profundidad y sobre las hojas para darles vida, como se ve en la pág. 118. Aplica espirales de crema de mantequilla sobre los cupcakes (ver pág. 105) y luego agrega dos hojas y una rosa sobre el cupcake.

★ Maravilla enmascarada
Capítulo sobre Moldes, pág. 117

Necesitarás:

- Cupcakes horneados en cápsulas de papel púrpura
- Boquilla: W – 2D
- Crema de mantequilla
- Manga de pastelería larga
- Molde de máscara veneciana (GI)
- Pasta para modelar: blanca, turquesa y púrpura
- Colorantes comestibles en pasta
- Polvo comestible metalizado dorado (SK)

Instrucciones:

Crea una máscara con el molde (pág. 117). Píntala con colorantes en pasta y polvos metalizados. Haz una espiral con la crema de mantequilla y la manga sobre tus cupcakes. Estira una pequeña cantidad de pasta para modelar púrpura y turquesa claro hasta que queden finitas. Dobla un lado de cada forma. Pon cada color sobre los cupcakes, con los extremos unidos en el centro. Pon una máscara en el centro.

★ Té con pastel
Capítulo sobre Moldes, pág. 121

Necesitarás:

- Imagen readaptada

Técnicas clave Cubrir cupcakes (pág. 29); Cubrir galletitas (pág. 29); Recortar formas (pág. 71); Herramienta de Dresde (pág. 94);

- *Arcilla para modelar no tóxica*
- *Papel de calcar y lápiz*
- *Esteca de bola con ruedecita*
- *Herramienta de Dresde*
- *Cortapastas de rosas pequeñas (PC)*
- *Gel para modelar*
- *Pasta de azúcar: crema*
- *Cinta de molde*
- *Pasta para modelar: blanca*
- *Selección de colorantes comestibles en pasta*
- *Polvo comestible metalizado color bronce*
- *Cortapastas redondo, del mismo tamaño que los cupcakes*

Instrucciones:

Dale textura a la pasta de azúcar color crema con la cinta como molde (ver pág. 119). Con un cortapastas del tamaño correspondiente, recorta un disco para cubrir la parte superior del cupcake. Crea un molde siguiendo los pasos de la pág. 121, y úsalo para crear una tetera. Píntala a gusto con colorantes comestibles en pasta y el polvo metalizado bronce. Finalmente colócala sobre el cupcake.

★ Bolsito con mariposa
Capítulo sobre Color, pág. 42

Necesitarás:

- *Galletitas y cortapastas de bolsito (LC)*
- *Pasta de azúcar: azules varios*
- *Pasta para modelar: rosas varios, blanco*
- *Cortapastas: círculo de 3,6 cm, mariposa monarca (LC), corazón pequeño (LC), cachemir pequeño (LC)*
- *Boquillas: PME n.º 0, 1, 3, 4, 16 y 18*
- *Glasa real*
- *Manga de repostería*

Instrucciones:

Cubre el pastel con pasta de azúcar azul marmolada (ver pág. 42). Vacía un gran círculo para crear el mango. Corta una mariposa, dos corazones, dos dibujos de cachemir de pasta para modelar marmolada de color rosa y círculos pequeños de la pasta para modelar blanca con las boquillas. Usa las boquillas más pequeñas para vaciar agujeritos de los

círculos blancos para convertirlos en botones. Recorta el cuerpo de la mariposa y recréala sobre el bolsito. Aplica algunos puntos de glasa real con una boquilla n.º 1.

★ Jarrito multifloral
Capítulo sobre Color, pág. 45

Necesitarás:

- *Galletitas y cortapastas de jarrita (LC)*
- *Pasta de azúcar: blanca*
- *Pasta para modelar: verde, verde lima, blanca, rosa oscuro, rosa claro*
- *Pistola de pastelería*
- *Cúter*
- *Cortapastas: cortapastas de cinco pétalos (PME), boquilla PME n.º 18*

Instrucciones:

Estira la pasta de azúcar blanca y corta una jarrita. Corta el mango y un disco aplanado de la parte superior de la jarrita y pon el cuerpo de la jarrita sobre la galleta. Para el mango, corta la forma de una jarra de la pasta para modelar blanca estirada. Toma el cúter y corta a unos milímetros del contorno del mango para crear la forma de este. Ponlo en su lugar sobre la galletita. Haz el borde interno de la parte superior de la jarra del mismo modo. Agrega un borde rosa usando la pistola de repostería y el disco redondo pequeño. Haz el diseño multifloral como se explica en la pág. 45. Corta pétalos con el cortapastas de cinco pétalos y ponlos en su lugar. Corta el centro de la flor usando la boquilla y pasta para modelar rosa y luego colócalo en su lugar.

Consejo

Que no te venza la tentación de usar mantequillas bajas en calorías para las galletitas, siempre usa mantequilla (dulce) sin sal.

★ Calcetín invernal
Capítulo sobre Color, pág. 45

Necesitarás:

- *Galletitas y cortapastas de calcetín navideño (CL)*
- *Pasta de azúcar: azul, blanca*
- *Colorantes en pasta: varios azules*
- *Estampador de copos de nieve (PC)*
- *Glasa real*
- *Manga de repostería*
- *Boquillas: PME n.º 1 y 2*

Instrucciones:

Estira la pasta de azúcar y estampa con copos de nieve (ver pág. 87). Corta calcetines y quita la parte superior. Ponlos sobre las galletas. Déjalas secar. Salpica los calcetines con colorantes comestibles azules en pasta, diluidos como se muestra en la pág. 49. Corta pasta de azúcar de color blanco para la parte superior, ubícala en su lugar y luego aplica puntos de glasa real de distintos tamaños.

★ Este pequeño cerdito...
Capítulo sobre Pintura, pág. 49

Necesitarás:

- *Galletitas y cortapastas de cerdito*
- *Pasta de azúcar: rosa melocotón*
- *Colorante comestible rosa en pasta*
- *Polvo súper blanco (SF)*
- *Esponja natural*
- *Herramienta de Dresde*

Instrucciones:

Corta cerditos de la pasta de azúcar rosa y ponlos sobre las galletitas de cerdito. Con la herramienta de Dresde, define las patas, el hocico, las orejas y el ojo. Añade una cola rizada. Déjalo secar. Para pintar sigue los pasos de la pág. 49.

Pistola de repostería (págs. 96-98); Espirales con manga (pág. 105); Puntos con manga (pág. 109); Molde para dos colores (pág. 116)

Trabajos 149

★ Una manzana al día
Capítulo sobre Pintura, pág. 50

Necesitarás:

- Galletitas y cortapastas de manzana
- Pasta de azúcar: verde, marrón
- Pasta para modelar: verde
- Cortapastas de hoja de rosa (FMM)
- Marcador de nervaduras de hoja de rosa (GI)
- Herramienta de Dresde
- Colorantes comestibles en pasta: selección de verdes, rojo
- Polvo súper blanco (SF)

Instrucciones:

Corta las manzanas de pasta de azúcar verde, quita el tallo, la hoja y el extremo de la flor y ponlas en la galletita. Modela un tallo con la pasta marrón. Agrega una pelotita de pasta marrón para el extremo de la flor y añade textura con la punta de la herramienta de Dresde. Corta y marca las nervaduras de una hoja (ver pág. 118). Pinta la manzana como se explica en la pág. 50.

★ Tacones matadores
Capítulo sobre Pintura, pág. 51

Necesitarás:

- Galletitas y cortapastas de tacones (LC)
- Pasta de azúcar: blanca
- Pasta para modelar: negra
- Puntilla
- Ruedecita de corte (PME)
- Cúter
- Colorante comestible negro en pasta
- Alcohol incoloro (como ginebra o vodka)
- Papel de cocina

Instrucciones:

Estira la pasta de azúcar de color blanco y aplica la textura con la puntilla (ver pág. 90). Corta las formas de los zapatos y colócalas sobre las galletitas. Marca una línea entre el tacón y el zapato con una ruedecita de corte. Con un cúter, recorta la punta del tacón y la suela, seguidos de una tira finita en la parte superior del zapato: esta área formará el forro del zapato. Pinta según las instrucciones de la pág. 50 y luego rellena las secciones recortadas con la pasta de modelar negra.

★ Botella de champaña
Capítulo sobre Pintura, pág. 55

Necesitarás:

- Galletitas y cortapastas de botella de champaña (LC)
- Pasta de azúcar: verde, marrón dorado
- Pasta para modelar: blanca
- Herramienta de Dresde
- Estampadores: espiral (FMM), sello (HP set 12)
- Rotulador comestible
- Hoja dorada comestible
- Polvo comestible metalizado dorado (SK)
- Alcohol incoloro (como ginebra o vodka)

Instrucciones:

Cubre la botella con pasta de azúcar verde y la parte superior con pasta de azúcar marrón dorado. Marca el corcho con el extremo de la herramienta de Dresde. Aplica la hoja dorada en esa parte, como se muestra en la pág. 55. Corta las etiquetas de la pasta para modelar previamente estirada bien finita y estámpala a tu gusto. Ponla en su lugar. Con rotuladores de tinta comestible, agrega algunos detalles a las etiquetas y usa el polvo comestible metalizado mezclado con el alcohol incoloro para añadir algunos toques de luz.

★ Remolinos de plata
Capítulo sobre Plantillas, pág. 59

Necesitarás:

- Galletitas y cortapastas de corazones (W)
- Pasta de azúcar: rosa
- Polvo comestible metalizado copo de nieve (SK)
- Set de plantillas de corazones para galletas (DS)
- Grasa vegetal blanca

Instrucciones:

Aplica la plantilla sobre la pasta de azúcar rosa con el polvo metalizado y ponlo sobre la galletita, como se explica en la pág. 59.

★ Boda irregular
Capítulo sobre Plantillas, pág. 61

Necesitarás:

- Galletitas y cortapastas de boda irregular (LC)
- Pasta de azúcar: púrpura oscuro, granate, lila
- Glasa real: lila, rosa claro, púrpura
- Plantillas: set de corazones (DS), círculo floral chino (LC)

Instrucciones:

Aplica la plantilla y pon los pisos uno por uno usando distintos colores de pasta de azúcar y de glasa, siguiendo las instrucciones de la pág. 61.

Técnicas clave Cubrir galletitas (pág. 29); Plantillas (págs. 59-69); Recortar formas (pág. 71);

★ Margaritas de diseño
Capítulo sobre Plantillas, pág. 66

Necesitarás:

- Galletitas y cortapastas de traje de baño (LC)
- Pasta de azúcar: negra y roja
- Pasta para modelar: roja, rosa y negra
- Glasa real rosa
- Plantilla de flores (DS)
- Cortapastas de margaritas (PME)
- Boquillas: PME n.º 16 y 17

Instrucciones:

Aplica la plantilla en la pasta de azúcar de color negro con la glasa real rosa (ver pág. 61) y ponla sobre la galletita. Corta una pelotita de pasta por la mitad y ubica las mitades en la zona del pecho para darle más forma. Corta la parte superior del traje de baño de la pasta de azúcar de color rojo y luego decora el diseño con margaritas recortadas con el cortapastas, como se muestra en la pág. 66.

★ Pisos de alegría
Capítulo sobre Plantillas, pág. 66

Necesitarás:

- Galletitas y cortapastas de pastel de bodas
- Pasta de azúcar: rosa con una pizca de rojo, blanca
- Glasa real
- Polvo súper blanco
- Cartón o papel de horno
- Cúter
- Punzón
- Colorantes comestibles en polvo

Instrucciones:

Crea tus propias plantillas con cartón o papel de horno (ver pág. 66). Aplica las plantillas con tus diseños sobre las pastas de azúcar con glasa real blanqueada y polvos comestibles. Colócalas sobre distintos pisos de la galletita.

Chancletas divertidas
Capítulo sobre Plantillas, pág. 67

Necesitarás:

- Galletitas y cortapastas de chancletas (LC)
- Pasta de azúcar: rosa oscuro
- Pasta para modelar: púrpura, blanca, rosa claro
- Plantilla de cenefa griega (LC)
- Molde de flor (FI – FL107)

Instrucciones:

Estampa el diseño en la pasta de azúcar rosa oscuro, como se ve en la pág. 67, y colócala sobre las galletitas. Para hacer las tiras, corta tiras con un ancho de 1 cm de pasta para modelar púrpura y une uno de los extremos de cada una. Toma otro extremo y ponlo a la mitad del pie. Dobla la tira a 180 grados hacia el centro del calzado y pon la tira doblada de tal manera que termine en medio de los dedos y corta el exceso de pasta. Repite el proceso para la otra tira. Agrega una flor hecha con pasta para modelar y un molde para dos colores para cubrir la junta.

Chaleco de bodas
Capítulo sobre Estampadores, pág. 87

Necesitarás:

- Galletitas y cortapastas de chaleco (LC)
- Pasta de azúcar: marrón dorado
- Pasta para modelar: blanca, marfil
- Herramienta de Dresde
- Ruedecita de corte (PME)
- Cúter
- Estampador de hoja (HP set 9)
- Boquilla: PME n.º 4

Instrucciones:

Estira la pasta para modelar blanca hasta que quede finita, y corta un triángulo para el frente de la camisa. Ponlo en su lugar y luego agrega dos triángulos más pequeños y gruesos para el cuello. Corta un diamante de pasta marfil y colócalo sobre la galletita para crear la corbata. Añade una pelotita de pasta marfil para el nudo. Agrega movimiento a la pasta con la herramienta de Dresde. Estira la pasta de azúcar hasta que alcance un grosor de 5 mm –lo ideal es usar espaciadores– y márcala con el estampador de hojas. Corta el chaleco con el cortapastas de la galletita y quita un triángulo de pasta en el frente. Ponlo sobre la galletita. Agrega los detalles de la abertura y de los botones con una ruedecita de corte y la boquilla.

Flores para la boda
Capítulo sobre Estampadores, pág. 88

Necesitarás:

- Galletitas y cortapastas de pastel de bodas
- Pasta de azúcar: tres tonos de rosa
- Set de cortapastas florales planos
- Estampador para el centro de las flores
- Herramienta de Dresde

Instrucciones:

Estira las pastas de azúcar de colores hasta alcanzar un grosor de 5 mm –lo ideal es usar espaciadores– y estámpalas con el cortapastas de flores (ver pág. 88). Córtalas con forma de pastel y luego haz un corte en la base de cada piso para separarlos. Aplica los pisos de distintos colores sobre las galletitas. Estampa el centro de cada flor con un estampador para el centro de las margaritas y luego haz una línea dentro de los pétalos con la herramienta de Dresde.

Estampadores para diseños pequeños (pág. 87); Herramienta de Dresde (pág. 94); Ruedecita de corte (pág. 89); Molde para dos colores (pág. 116)

★ Bonitas botas de agua
Capítulo sobre Estampadores, pág. 89

Necesitarás:

- Galletas de dos botitas y cortapastas de botas (LC)
- Pasta de azúcar: marfil, rosa, verde
- Estampadores: rosa y magnolia (PC), rosa salvaje (para las hojas) (PC)
- Ruedecita de corte (PME)
- Cúter
- Herramienta de Dresde
- Cortapastas de óvalo pequeño (LC set 1)
- Colores comestibles en pasta: rosa, verde

Instrucciones:

Crea galletas de dos botitas con el cortapastas de botas, uniendo la masa de una botita completa con una botita recortada: las dos se cocinarán para crear una sola. Cubre y estampa la de más atrás primero usando una pasta con un grosor inferior a los 5 mm. Con el estampador de rosas, agrega un diseño floral (ver pág. 87). Luego añade líneas estampadas con una ruedecita de corte. Sitúa y estampa la botita del frente. Si quieres, haz la parte superior, las hebillas, las suelas y los tacones con un color contrastante, recorta el contorno de la hebilla con un cortapastas ovalado y estampa las suelas con una herramienta de Dresde. Pinta el diseño floral estampado con colores comestibles en pasta diluidos.

Consejo

Cuando pintes sobre el diseño, deja que las flores rosas se sequen por completo antes de agregar las hojas verdes.

★ Tacones de alta costura
Capítulo sobre Estampadores, pág. 89

Necesitarás:

- Galletitas y cortapastas de zapatos de tacón (LC)
- Pasta de azúcar: negra, rosa
- Set de cortapastas de flores planas (LC)
- Estampador de encaje (PC)
- Ruedecita de corte (PME)
- Esteca de bola con ruedecita

Instrucciones:

Estira los dos colores de pasta de azúcar y corta la forma del zapato en cada una de ellos usando el cortapastas de galletitas. Siguiendo la foto, corta la parte superior del zapato de pasta rosa y ponlo sobre la galletita. Estampa las flores con un cortapastas (ver pág. 88) y haz la marca en cada pétalo con el extremo pequeño de una esteca de bola (ver pág. 89). Agrega una tira de pasta de azúcar negra hacia la base de la suela, a continuación pon una tira rosa estampada y termina con una negra. Agrega el tacón negro y haz una línea para completarlo.

★ Rosa amorosa
Capítulo sobre Estampadores, pág. 89

Necesitarás:

- Galletitas y cortapastas de almohadones (LC)
- Pasta de azúcar: blanca
- Pasta para modelar: rosa pálido, verde pálido
- Estampador de rosa (PC)
- Boquillas: PME n.º 4, 16, 17 y 18
- Colorantes comestibles en pasta: rosa, verde, negro

Instrucciones:

Cubre las galletitas con pasta de azúcar blanca y estampa líneas de círculos usando las boquillas, como los pasos de la pág. 89. Estira las pastas para modelar bien finitas y estampa y recorta la rosa y las hojas en las pastas rosa y verde (ver pág. 89). Colorea los círculos y la rosa con colorantes comestibles en pasta diluidos.

★ Vestido glamuroso
Capítulo sobre Herramientas, pág. 94

Necesitarás:

- Galletitas y cortapastas de vestido (LC)
- Pasta de azúcar: rosa melocotón
- Pasta para modelar: marfil
- Herramienta de Dresde
- Punzón para artesanía de mosaico marroquí

Instrucciones:

Crea una bolita de pasta de azúcar y córtala por la mitad. Agrega cada mitad en la zona del pecho de la galletita para darle forma al vestido. Estira la pasta de azúcar rosa y corta el vestido. Quita la parte superior del vestido para que quede sin tirantes y ponlo en la galletita; pule la pasta sobre el pecho. Crea movimiento en la falda dando golpecitos con los dedos. Corta otro vestido de pasta de azúcar y recorta las formas para crear el drapeado de la tela. Pon las dos secciones del drapeado en la galletita y dales textura con la herramienta de Dresde (ver pág. 94). Crea un cinturón usando un punzón y pasta para modelar (ver pág. 101) y colócalo en su lugar.

Técnicas clave Cubrir galletitas (pág. 29); Pintar un dibujo estampado (pág. 51); Recortar formas (pág. 71); Herramienta de Dresde (pág. 94);

★ Tacones seductores
Capítulo sobre Herramientas, pág. 89

Necesitarás:

- Galletitas y cortapastas de zapatos de tacón (LC)
- Pasta de azúcar: rosa
- Pasta para modelar: rosa
- Ruedecita de corte (PME)
- Cúter
- Herramienta de Dresde
- Pistola de repostería

Instrucciones:

Estira la pasta de azúcar de color rosa y corta un zapato. Por separado, corta el tacón, la suela y las tiras según el diseño y ponlos sobre la galletita. Marca la punta del tacón y la suela del zapato con una ruedecita de corte (ver pág. 89). Haz el calado con la punta de la herramienta de Dresde. Con una pistola de repostería, el disco redondo pequeño y la pasta para modelar rosa, haz segmentos largos de pasta (ver pág. 97). Aplica un segmento largo en la suela del zapato, lazos más cortos para cada una de las tiras y termina el diseño con un lazo, como se ve en la foto.

★ A tomar el té
Capítulo sobre Herramientas, pág. 98

Necesitarás:

- Galletitas y cortapastas de teteras
- Pasta de azúcar: marfil
- Pasta para modelar: rosa oscuro, rosa claro, verde oscuro, verde lima, naranja, marrón, marfil
- Boquilla: PME n.º 18
- Pistola de repostería
- Ruedecita de corte

Instrucciones:

Estira la pasta de azúcar hasta alcanzar un grosor de 5 mm –lo ideal es usar espaciadores– y corta una tetera. Recorta la zona del asa y de la base y pon el cuerpo y el pico en la galletita. Define la unión entre el cuerpo y el pico con una ruedecita de corte (ver pág. 89). Para el asa, haz un rollito de pasta de azúcar y colócalo en su lugar como se ve en la foto. Crea un lazo de pasta para modelar rosa con la pistola de repostería y el disco para hacer lazos (ver pág. 98). Corta el lazo por la mitad y pon una mitad en la base de la tetera y la otra mitad en la parte superior para crear el borde de la tapa. Recorta a medida. Decora la tetera con lunares, hechos con pasta para modelar finamente estirada, y la boquilla (ver pág. 71). Por último, forma una pelotita de pasta rosa y ponla encima de la tapa.

★ Tacones de gatito
Capítulo sobre Herramientas, pág. 99

Necesitarás:

- Galletitas y cortapastas de tacones de gatito (LC)
- Pasta de azúcar: púrpura, marrón claro
- Pasta para modelar: púrpura, marrón oscuro
- Ruedecita de corte (PME)
- Cúter

Instrucciones:

Estira la pasta de azúcar de color marrón claro y corta un zapato. Quita el tacón y luego aplica el resto de la pasta sobre la galletita. Estira la pasta para modelar marrón oscuro bien fina y corta formas de piel de animal a mano alzada con la ruedecita de corte. Corta un tacón de pasta de azúcar de color púrpura con un cortapastas de galletitas y la ruedecita de corte y colócalo en su lugar. Marca la punta del tacón. Corta una tira fina de pasta para modelar marrón y agrégala en la parte inferior del zapato para crear la suela. Para el borde superior del zapato, aplica una tira de pasta para modelar púrpura. Para terminar, agrega un lazo púrpura y una bolita aplanada para decorarlo.

★ Puntos y puntitos
Cap.. Decoración con manga, pág. 109

Necesitarás:

- Galletitas y cortapastas de corazón y cochecito (LC)
- Pasta de azúcar: verde azulado, verde azulado claro, rosa, piel
- Pasta para modelar: rosa, marrón oscuro
- Boquilla: PME n.º 1, 1,5 y 2
- Plantilla de flores modernas (DS – C559)
- Cortapastas: set de cortapastas redondos, margaritas (PME)
- Glasa real
- Polvo súper blanco (SF)
- Colorante comestible en pasta verde azulado
- Manga de repostería y acoplador

Instrucciones:

Aplica la plantilla de las flores modernas con glasa real sobre la pasta de azúcar fresca y estirada (ver pág. 61). Corta los corazones y las secciones del cochecito y ponlos sobre las galletitas antes de que la glasa real se asiente. Agrega las ruedas de pasta de azúcar de color verde azulado claro –recórtalas con el cortapastas– y el manillar. Marca el contorno de las ruedas con un círculo más pequeño. Con la pasta de azúcar color piel, corta y agrega un círculo para la cabeza del bebé, luego agrega una sonrisa usando el extremo ancho de la boquilla y los ojos con un palillo. Forma un rulito de pasta para modelar marrón para el cabello y corta flores de pasta para modelar rosa para los rayos de las ruedas. Aplica puntos de glasa real con la manga, como se ve en la pág. 109.

Utensilios para estampar (pág. 89); Ruedecita de corte (pág. 89); Pistola de repostería (págs. 96-98); Puntitos con manga (pág. 109)

Trabajos 153

★ Patucos

Cap. Decoración con manga, pág. 110

Necesitarás:

- Galletitas y cortapastas de patucos (LC)
- Pasta de azúcar: rosa
- Pasta para modelar: rosa oscuro
- Espátula para pastel
- Esteca (PME)
- Cortapastas de corazones pequeños (PME)
- Glasa real
- Boquilla: PME n.º 1
- Manga de repostería
- Polvo súper blanco (SF)

Instrucciones:

Corta patucos de la pasta de azúcar de color rosa. Recorta la parte superior y agrega líneas verticales con la espátula. Aplica las dos secciones de los patucos en las galletitas y luego define las zonas de los dedos y de los talones con una esteca. Añade varios corazoncitos hechos con pasta para modelar rosa oscuro. Por último, agrega puntos y corazones con la manga y con la glasa real blanqueada, como se explica en las págs. 109-110.

★ Jarritos monocromáticos

Cap. Decoración con manga, pág. 111

Necesitarás:

- Galletitas y cortapastas de jarrito (LC)
- Pasta de azúcar: negra, blanca
- Estampador de tulipanes (PC)
- Cúter

- Glasa real
- Boquilla: PME n.º 2
- Manga de repostería
- Polvo súper blanco (SF)
- Colorante comestible negro en pasta

Instrucciones:

Sigue las instrucciones de la pág. 111 para crear estas galletitas, usando pasta de azúcar de color negro y blanco y glasa real.

★ Chancletas con margaritas

Capítulo sobre Moldes, pág. 116

Necesitarás:

- Galletitas y cortapastas de chancletas (LC)
- Pasta de azúcar: aguamarina
- Pasta para modelar: verde jade, blanca y amarilla
- Estampador de cadena de margaritas (PC)
- Set de moldes de margaritas (FI – FL288)
- Cortador de cintas (FMM)

Instrucciones:

Estampa el diseño de la margarita sobre la pasta de azúcar, como se ve en la pág. 87. Corta las sandalias de esta pasta usando el cortapastas de las galletitas y colócalas sobre estas. Para hacer las tiras, corta tiras con un ancho de 1 cm de pasta para modelar y junta uno de los extremos de cada una. Toma otro extremo y ponlo a la mitad del pie. Dobla la tira a 180 grados hacia el centro del calzado y pon la tira doblada de tal manera que termine en medio de los dedos y corta el exceso de pasta. Repite el proceso para la otra tira. Agrega una flor hecha con pasta para modelar y un molde para dos colores y cubre la junta, como se ve en la pág. 116.

★ Galletitas navideñas

Capítulo sobre Moldes, pág. 119

Necesitarás:

- Galletitas y cortapastas (LC)
- Pastillaje
- Puntilla o papel para revestir paredes texturado
- Pasta de azúcar: púrpura, marrón dorado
- Pasta para modelar: roja, púrpura
- Ruedecita de corte (PME)
- Herramienta de Dresde
- Molde de flor pequeña (FI – FL127)
- Colorantes comestibles en pasta o polvo

Instrucciones:

Haz un molde de pastillaje como se ve en la pág. 119 y úsalo para estampar la pasta de azúcar. Corta las galletitas de pasta de azúcar con el cortapastas de galletitas y ponlas sobre estas últimas. Marca las secciones de las galletitas con una ruedecita de corte (ver pág. 89) y la herramienta de Dresde. Agrega tiras de pasta para modelar roja en las zonas más delgadas y crea lazos rojos para la decoración del centro. Aplica en el centro una flor hecha con un molde para dos colores (ver pág. 116). Con colores comestibles en pasta o en polvo, destaca el diseño estampado a tu gusto.

Consejo

Para un acabado metálico brillante, mezcla el polvo comestible metalizado con el barniz comestible y úsalo para pintar.

Técnicas clave Cubrir galletitas (pág. 29); Herramienta de Dresde (pág. 94); Corazones con manga (pág. 110); Bordado con pincel (pág. 111)

Plantillas

La gloria de Gaudí – Capítulo sobre Herramientas

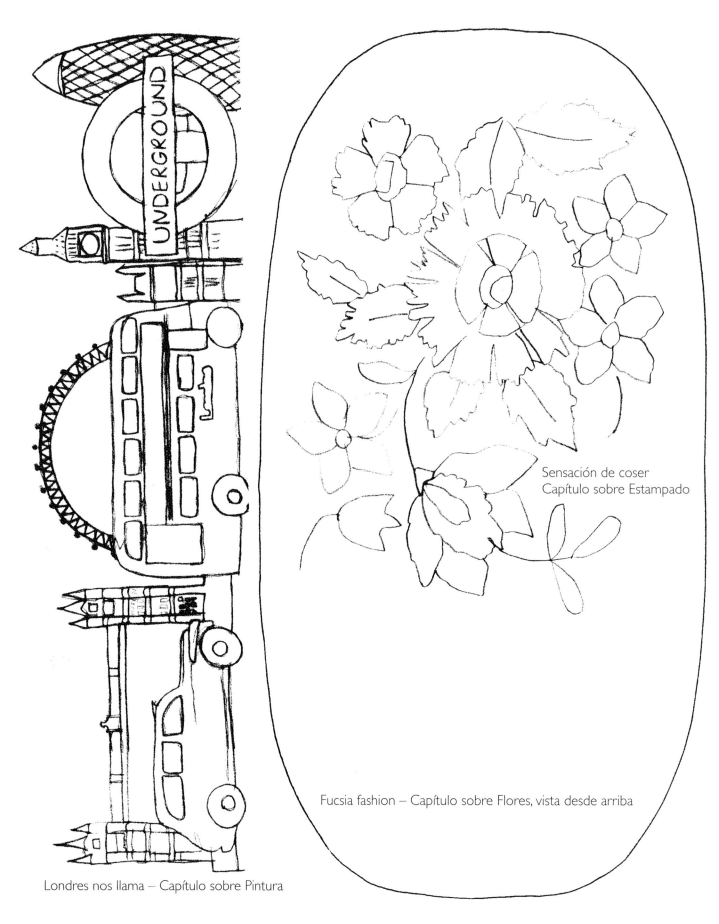

Sensación de coser
Capítulo sobre Estampado

Fucsia fashion – Capítulo sobre Flores, vista desde arriba

Londres nos llama – Capítulo sobre Pintura

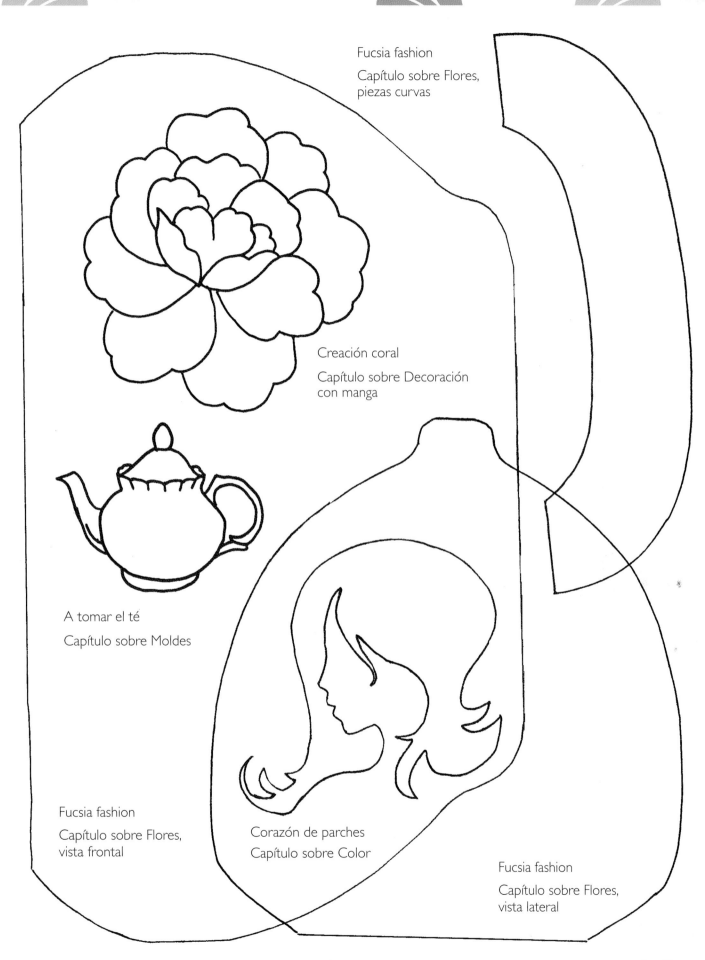

Fucsia fashion
Capítulo sobre Flores, piezas curvas

Creación coral
Capítulo sobre Decoración con manga

A tomar el té
Capítulo sobre Moldes

Fucsia fashion
Capítulo sobre Flores, vista frontal

Corazón de parches
Capítulo sobre Color

Fucsia fashion
Capítulo sobre Flores, vista lateral

Agradecimientos

Quisiera dar las gracias a mi equipo de Lindy's Cakes por hacer que todo sea posible. Sin su apoyo, no tendría la libertad para crear ni el tiempo para escribir: mi vida simplemente no sería ni la mitad de excitante ni me sentiría realizada. Me gustaría dar las gracias en especial a mi marido, Graham, quien además de ser una parte fundamental del Equipo Lindy, está siempre allí para compartir los desafíos de llevar adelante un negocio y escribir un libro, todo al mismo tiempo. ¡Muchas gracias!

Muchas gracias a muchos de los fabricantes, sin cuyos artículos este libro no sería tan sencillo de escribir. Los buenos productos llevan su tiempo, esfuerzo y recursos, ¡y son vitales para la continuación y el desarrollo de nuestra artesanía!

Muchas gracias también a los dos fotógrafos del libro: Simon Whitmore, cuyas espectaculares fotografías le han dado estilo y contemporaneidad a esta publicación, y Karl Adamson, cuyo talento y atención a los detalles en la producción fotográfica hicieron que las técnicas fluyeran de una manera hermosa y fueran fáciles de seguir.

Por último, quisiera dar las gracias a mis entusiastas estudiantes, clientes y seguidores en Facebook, Twitter y el blog, cuyos comentarios y preguntas han sido de gran ayuda para poder escribir mis libros.

Sobre la autora

Reconocida y respetada en la industria de la repostería, Lindy Smith tiene más de 20 años de experiencia en este arte. Lindy es una diseñadora a quien le gusta compartir su pasión por la artesanía con azúcar e inspirar a sus seguidores escribiendo libros y enseñando. Lindy es autora de varios libros sobre decoración de pasteles *Creative Celebration Cakes, Storybook Cakes, Celebrate with a Cake!, Party Animal Cakes, Cakes to Inspire and Desire, Bake Me I'm Yours…, Cupcake Celebration, Cookie and Bake Me I'm Yours…*

Ha viajado por el mundo dando clases y esto le ha permitido educar e inspirar, así como aprender acerca de tradiciones locales y todo tipo de temas relacionados con la decoración de pasteles. Este aprendizaje luego se retroalimenta en su trabajo. Ha participado en programas de televisión y presentado una serie sobre el arte en azúcar en *Good Food Live*.

Lindy es también la cabeza de Lindy's Cakes Ltd, un negocio ya establecido que lleva adelante a través de su página web. Además, dicta talleres sobre decoración de pasteles tanto en el Reino Unido como a nivel internacional.

Proveedores

Lindy's Cakes Ltd (LC)
Unit 2, Station Approach, Wendover
Buckinghamshire HP22 6BN
Tel: +44 (0)1296 622418
www.lindyscakes.co.uk
Tienda online de productos y equipos utilizados en este y otros libros de Lindy, incluyendo los cortadores y plantillas exclusivos de Lindy's Cakes.

Alan Silverwood Ltd
www.alansilverwood.co.uk
Fabricante de todo tipo de moldes de pasteles

FMM Sugarcraft (FMM)
www.fmmsugarcraft.com
Fabricante de cortadores

Holly Products (HP)
www.hollyproducts.co.uk
Fabricante y proveedor de estampadores y moldes

M&B Specialised Confectioners Ltd
www.mbsc.co.uk
Fabricante y proveedor de pasta de azúcar

Patchwork Cutters (PC)
www.patchworkcutters.co.uk
Fabricante y proveedor de cortadores y repujados

First Impressions Molds (FI)
www.firstimpressionsmolds.com
Fabricante y proveedor de moldes

Squires Kitchen (SK)
www.squires-shop.com
Productos y utensilios de repostería

España

My Lovely Food
www.shop.mylovelyfood.com
Productos y utensilios de repostería

For the Cakes
Canonge Pibernat, 14, 08028 - Barcelona
forthecakes.com/shop/es
Productos y utensilios de repostería

Credin España
www.credin.es
Proveedores de pasta de azúcar y pasta de modelar

Cohesa
www.suministroscohesa.com
Papel y tinta comestibles, impresoras, figuras y pasta de azúcar

Club Cocina.es
Alfredo Marqueríe, 14, Local 18, 1°, 28034 - Madrid
www.clubcocina.es
Productos y utensilios de repostería

Mundo de la Repostería
www.mundodelareposteria.es
Productos y utensilios de repostería

La Tienda Americana
P.° San Francisco de Sales, 5, 28003 - Madrid
www.latiendaamericana.es
Productos y utensilios de repostería

Comercial Minguez
Valverde, 28, 28004 - Madrid
www.comercial-minguez.es
Productos y utensilios de repostería

Manenas
Pegàs, 7, 08027 - Barcelona
www.manenas.es
Tienda y escuela

Caramel U.S.A.
Rosselló, 60-62, 08029 - Barcelona
www.caramelusa.com
Productos y utensilios de repostería

Abreviaciones usadas en este libro

DS – Designer Stencils
FI – First Impressions
FMM – FMM Sugarcraft
GI – Great Impressions
HP – Holly Products
JEM – JEM Cutters
LC – Lindy's Cakes Ltd
PC – Patchwork Cutters
PME – PME Sugarcraft
SF – Sugarflair
SK – Squires Kitchen
W – Wilton

Índice